青心·明见

君子养成

楼宇烈 著

中国青年出版社

目 录

壹　家的传承与孩子教育　　001
　　重拾家的概念　　005
　　家的根本问题　　010
　　古代家规家训　　023
　　传统文化中的教育方式　　035

贰　育人就是教人如何做人　　045
　　何为圣贤　　051
　　何为君子　　054
　　君子十德　　057
　　君子的社会价值　　061
　　"为学"与"为人"的统一　　065

叁　我们应该读什么样的书　　071
　　读书等于做人　　073
　　有知识不等于有智慧　　078

读书的次第和境界	081
我们应该读什么样的书	083
传统文化下的思维模式	087

肆　由艺入道，唯君子能知乐　103

传统文化中的"六艺"	107
唯君子能知乐	113
只可意会不可言传	126
士无故不撤琴	133
依于仁，游于艺	134

伍　正名与规矩　143

明确身份	146
自我管理	149
重视"规矩"	152
礼的根本	154

陆　个性与品格的养成　161

顺其自然，适性逍遥	163
以万物为师	167

自律即自由 170
　"大丈夫"精神 171
　知行合一 176
　不苟为、不刻意、不执着 182

柒　怎样安身立命 193
　人应该追求什么 195
　怎样安身立命 201
　怎么才能做到无遗憾和无怨恨 210
　懂得自爱才能真正地去爱别人 212
　人贵有自知之明 218

捌　如何调养身心 223
　认识我们的情绪 225
　懂得生命的意义 227
　以自然之道来养自然之身 230
　从生理层面调节身体 233
　从心理层面调节情绪 235
　从哲理层面调节身心 238

壹

家的传承与孩子教育

為人之道
為學之方

樓宇烈
乙未秋

家是一个由血缘关系最为亲密的人组合在一起的群体，最密切的人际关系就是父母和子女的关系，因此中国历来注重家风建设。

家庭成员之间要相互扶持，责任和义务是第一位的。夫妇二人除了要互相承担责任，以及负有对双方父母的赡养责任，还要担起教育子女的责任。教育子女不单纯是为人父母应有的责任，更是一个家庭对社会应当承担的责任，而且是十分重要的社会责任。

在中国传统文化中，非常重视教育。《礼记·学记》中明确指出："建国君民，教学为先。"作为"立国之本"的教育并不是简单地教授知识，而是教之以"为人之道"和"为学之方"。

教育在中国传统文化中叫什么呢？叫化民成俗。如果通过教育能够形成这样一种尊老爱幼、诚实守信的社会风气，齐家化民、文明以止、自觉自律，法律就会成为道德规范的辅助，这就是理想的社会，需要我们每个人去共同努力。

家庭教育对一个人的成长非常重要，对人一生有着极其深远的影响。父母是子女的开蒙老师，家庭教育是人生最早受到的教育，可以说是人生的一个基本的教育。《三字经》中说："养不教，父之过。"过去的家庭教育是言传身教，让孩子懂得做人的基本道理，这是家庭教育的核心。父母对子女良好的家庭教育，一方面体现了父母对子女最深的爱，另一方面也是对社会责任的落实。缺少了家庭教育，就会缺少亲情，缺少基本的礼貌，子女甚或会成为危害社会的人。这是个不容轻视，更不应无视的问题。

家文化是中国传统文化的核心，把家推广到一族就是家族，推广到一乡就是家乡，推广到一国就是国家，推广到世界就是天下一家。范仲淹写有"先天下之忧而忧，后天下之乐而乐"，就是"天下一家"的集中体现。

教育由家庭教育、学校教育和社会教育三方面构成。良好的家庭教育非常重要，可以说是教育的基础，但是如果没有良好的社会环境相配合的话，那么再好的家庭教育也会大打折扣。孩子成年后离开家庭，进入社会这个大染缸，又有几人能做到"出淤泥而不染"呢？家庭教育跟社会教育是相辅相成的，和学校教育也是密切相关的。另外，知识教育、德育教育也要并重。

德育教育的土壤在家庭，而当今普遍现状是真正的家庭教育处于缺失状态中。其一，父母都忙于自己的工作，无法顾及子女的教育；其二，家庭的存在也不稳固，离婚率非常高，导致家庭教育缺失问题不可能很好地解决。

重拾家的概念

近百年来，由于整个社会受西方的影响越来越深，我们传统的家的概念、家的文化、家风家训或被人们遗忘，或被人们否定，渐渐地淡出了人们的生活。家风家训中最重要的就是家的概念，所谓的"家国""家天下"等概念都是从家出发的。

我们现在抓家庭教育的问题，首先要看看"家"这个概念在现在人心目中还有多少，现在有多少人懂得"家"这个概念意味着什么。如果连这个都不知道，自然也谈不到家教与家风。

什么是家？

什么是家？家不是一个简单的男女的结合，也不是简单的父母子女的相聚。家是社会的细胞，家庭组成的关系体现了整个社会人与人之间的关系。家里边的亲人之间的关系就是一个责任、义务的关系，担当的关系。家庭继承先人的生命、品格，又要把这些延续到后人身上去。家庭蕴含着我们人类生命延续的关键。所以，中国的"礼"把"婚礼"看成是"礼之本"，礼是"始于冠，本于婚"。婚姻意味着两姓的结合，这意味着生命要延续下去了，它是上承祖先、下续子孙的。

此外，"家"用通俗的话来讲，就是个安乐窝。"安"是什么意思？就是平安、安心，人们一回到家里就安心、踏实了，不顺心的事情到了家里就都化解掉了，这就是家。《周易·序卦》"伤于外者必反其家，故受之以家人"，说的就是这个意思，即家是人生的最大庇护所。"乐"就是高兴、快乐，家就是要让人在生活中感到安心、快乐。

俗话还说："家和万事兴。"如何才能"家和"？需要夫妇之间相互尊重,相互理解,相互信任,相互宽容,相互担当。《周易·家人卦·彖传》说:"家人,女正位乎内,男正位乎外。"也就是人们常说的"男主外,女主内",此乃"天地之大义也""正家而天下定矣"。所以,"家和"不仅一家兴,个人事业兴,而且社会国家都会兴。

小家是如此,大家也是如此。小家稳固了,大家就稳固了;小家和谐了,大家也就和谐了。家的精神归属浸润在血脉中,融入到文化里,成为民族的文化基因。中国人心里就要有家,就要认同家;心里没有家,不认同家,这个人在文化上就不是一个中国人。

中国有个成语叫作"薪火相传"。"指穷于为薪,火传也,不知其尽也。"(《庄子·养生主》)"薪",就是燃烧用的木柴,现在可以把它看成接力棒。一个个体生命就像一根燃烧的木柴,一根木柴烧完了,另一根木柴接着烧,这就是薪尽火传。一个个体生命结束了,另一个生命接着——子女是父母生命的延续。作为个体生命,有生就有死,这是非常自然的,中国人对生死其实是很豁达的,因为生命会延续下去。怎么延续?依靠子女延续。所以中国人非常强调"不孝有三，无后为大"。无后，就意味着这一族类的生命就要结束了，这就是中国文化赋予生命的观点。父母和子女之间肉体和精神都是相连的，在中国传统观念中，子女继承父母财产是顺理成章的，这在西方是没有的。反过来，子女替父母还债也是理所应当的，这就是父债子还！这都跟生命观有关系。也正是因为有这样的生命观，中国人的家族观念非常深厚。

家是撬动天下的支点

我们每个人都应该回归家的理念，国家也要营造这样一种氛围。罗素虽然发现了孝道是中国文化的一个独特性，但他认为这种独特性是负面的。他说："家族意识会削弱人的公共精神，赋予长者过多的权力会导致旧势力的肆虐。"事实上，孝道正是由私及公的一个主要桥梁。用《道德经·第七章》中"非以其无私邪？故能成其私"这句话，我们可以说，以其私，故能成其无私。为何？一般来说，父母对子女的爱、子女对父母的爱、兄弟姐妹之间的爱，都是真挚而深沉的，都是自然而然的。

"君子务本,本立而道生。孝弟也者,其为仁之本与!"(《论语·学而》)孝悌之道是仁爱精神的根本,正因为有了对父母兄弟最亲近的信任与热爱,往外推己及人就格外有力。这是一种自然而然的推扩,是仁爱精神的自然流露。反之,如果连自己最亲近的父母兄弟都不爱,要去爱他人、爱天地万物,这就是一个悖论。《孝经》所谓"不爱其亲而爱他人者,谓之悖德;不敬其亲而敬他人者,谓之悖礼",这对绝大多数人来说,是违背情理的。

从小家庭到大家族,从大家族到家乡,再从家乡到国家,再到天下一家,都是一个整体。在我们的传统当中,往往都会把各种关系化解成为家庭关系,包括君臣关系、官民关系、师生关系等,都是通过父子关系构建的一种亲情,然后再达到融洽的关系。父母对子女永远是无私奉献的,子女对父母也永远是心怀感恩的,理想中的君臣关系、官民关系、师生关系也是如此。

从家出发,无远弗届。孟子所谓"亲亲而仁民,仁民而爱物"(《孟子·尽心篇上》),不仅是对同类,对天地万物也都有仁爱之心。这是一种超越主观主义、超越西方人类中心主义的仁爱,而这种仁爱的培育,必须立足于家庭。古希腊伟大的物理学家阿基米德说过:"给我一个支点,我能撬动地球。"中国人讲修齐治平,家就是我们撬动天下的支点所在。

家的根本问题

究竟家教里边最根本的是什么?

中国文化强调由己及人、由近及远。首先要在家庭里面倾听、尊重父母,爱护子女,这样才能够"老吾老以及人之老,幼吾幼以及人之幼"(《孟子·梁惠王上》),把这种思维由近及远地推出去,最终从家庭推广到全社会,推广到天地万物。宋代的哲学家张载说:"民,吾同胞;物,吾与也。"(《西铭》)所有的民都跟我是一母所生,所有的物都跟我是同类,都是天地所生,都要受到关怀。因此,中国人由近及远地认为家国是可以推爱的,是同构的、一体的,有非常浓厚的家国天下情怀。

也正因为中国人有这种浓厚的情怀,所以家风、家教就显得非常重要。这和现在社会不同。现在社会虽说信息灵通，但家教确实是存在着严重的缺失。我们都觉得社会化是进步，但现在日趋社会化的家教实际是有问题的。现在很多人生了孩子请个月嫂，认为月嫂是科学养儿，其实这样做最傻。亲子之间的关系是最重要的，你把孩子送到月嫂手里，你就缺失了最初的母子、母女、父子、父女之间最亲密的、最自然的关系。然后我们又从小就把孩子送到托儿所去，这同样造成了父母与子女间的关系的缺失。其实父母对子女的影响是最大的，最直接的。

现在整个社会的家庭教育非常缺失，究竟家教里边最根本的是什么？就是父母"以身作则"的形象，这是最重要的。现在我们都把子女推到社会去了，不给其以家庭教育。我们现在的学校教育都是应试教育，小学教育是为了将来能考初中，初中教育是为了能够考高中，高中教育是为了能考大学。这一系列教育背的都是标准答案，有人说我们的创造性没有了，正是应试教育扼杀了创造性，它让人背的都是标准答案，哪还有什么创造性？怎么能启发子女的创造性？你要提出一些不同的看法，老师立即就说你错了。

中国人以家族为本

在小家庭里面，父母的影响很直接，也很深远。家教发展起来会变成一个家族的传统，大家都这样去做，就会影响整个族人。

中国人以家族为本，然而现在人们的家族观念却非常淡薄，而且认为西方文化不重视家族，只重视个人。其实欧洲有悠久的家族传统，反倒是欧洲移民建立的美国家庭观念比较淡薄。即便如此，美国整个社会的政治、经济也多由大家族来引领、掌控。我们应该重新思考家族的意义，一个家族的兴旺并不是为了炫耀，而是要担当起社会责任，作为引领者或者风向标。

现在，学校兴起了，有了传统的书院，有了现代的学校，其实书院、学校也是一个"家"。在书院里面，学生以师长为父母，师生关系就像父母与子女的关系一样，所以书院教育在某种程度上也是一种家教。进一步讲，一个团体是一个家，一个乡里是一个家，一个区域是一个家，一个国家也是一个家。所以我们常说："家是最小国，国是千万家。"现在提倡家风家教既要从每个小家抓起,更要重视整个社会风气的改善。社会风气好了,小家也会好,所以"大家"的家风更重要。就像孟德斯鸠在《论法的精神》中所说的那样:"当一个民族有良好风俗的时候,法律就是简单的。"有德治礼序以后,法的空间就会变小,法的作用反而会真正发挥出来。

修身跟齐家是连在一起的。《大学》以三个要点来齐家,即孝、悌、慈。从社会的角度来讲,孝是用来事君的,悌是用来事长的,慈是用来使众的。现在没有君主,所以对国家要像对父母一样敬爱,这也是孝的延伸。悌是事长的,要敬重长辈。慈是用来使众的,对待其他人,特别是对待下属要慈爱。《大学》还特别提到:"一家仁,一国兴仁;一家让,一国兴让。"所以家是国的基本单位,家有什么样的风气,这个国就有什么样的风气。所以齐家跟修身是不可割离的,可以将其都归为修己。孔子说"修己以敬""修己以安人""修己以安百姓",只有管好自己才可以管别人,才可以治国平天下。所以我们现在重新认识家的意义,是当今社会非常需要的。

孝有三等，尊亲为先

中国文化的生命观认为，生命是自然形成的，不是任何神灵创造的，所谓"天地合气，万物自生，犹夫妇合气，子自生矣"（《论衡·自然》）。生命总的来源就是天地，这是一个阴阳和合的自然现象，天地生了万物，各个物分成各个类，有兽类、禽类、人类等，万物中间的每一类都有自己的祖先。这种生命观认为，生命不是一个一个独立的生命体，而是相互关联、前后相续的。生命是延续的，就像一个链条，在生命的链条中间，个体生命只是整个生命链中的一段，个体生命有生就必有死，这是自然现象，而人类的整体生命则会通过下一代接续下去。

这种生命观是群体的、延续的生命观，以"类"作为生命观的概念。它不是就一个个体来讲的，而是就一个群体来讲的。所以，中国文化的生命观注重的不是个人的问题，而是生命集体。

生命是延续的，怎么延续呢？个体生命是通过继承前人的生命来的，它的生命通过它的后代延续下去。每一个体都是父母生命的延续，没有父母，就没有你；

没有你，就没有子孙。生命一代一代延续，它是一个整体而非相互孤立的个体。按照这个生命观来讲，父母跟子女之间有非常密切的依赖关系，没有父母就没有我们，比较雅致的说法就是有血缘关系。父母的精血延续了我的生命，我的精血延续了子女的生命，所以叫作血缘。生命跟生命之间是互相连结、依赖的关系，它们并非一个个独立的个体。生命就是这么父传子、子传孙，代代相续，"身也者，父母之遗体也"。子女都是父母的"遗体"，父母的生命在子女身上延续。这同西方文化与印度文化的生命观都有很大的差异。所以中国的因果报应关系里强调父母跟子女之间的因果关系，中国人常讲要为子孙后代积德，不是为自己来生积德。

子女乃父母所生所养，自然有责任和义务去对父母尽责。《礼记》里讲过"孝有三等"，其中的大孝是"尊亲"。所谓"尊亲"，就是让你的父母得到世人的尊重，也就是我们通常讲的"光宗耀祖"。大孝就是要对得起祖先；其次是"勿辱"，就是不要让你的父母受到世人的羞辱，被别人指着父母的脊梁骨说，你看这两口子生出这么一个孩子来祸害社会。即使你不能够光宗耀祖，至少也不能让你的父母在世人面前丢脸，受到世人的唾骂、侮辱；再次是"其下能养"，即要能够赡养你的父母，供父母吃、喝、穿。这里的"孝有三等"也反映了中国文化里的生命观和价值观。

既要对得起祖先，也要对得起子孙

中国人强调的是，我们每个人的所作所为上要对得起祖先，下要对得起子孙。在中国人看来，我不是一个孤立的人，我要对得起我的祖先和子孙；我们不能做断子绝孙的事，我们要做光宗耀祖的事。

中国人骂人非常厉害的一句话就是"断子绝孙"。中国文化的这种生命观，使得我们把为子孙后代考虑放在第一位，做什么事情都要对得起子孙后代，要给子孙后代留下活路。"积善之家，必有余庆；积不善之家，必有余殃。"（《周易·坤卦·文言传》）这是代代之间的因果报应，报应可以报在子女身上。中国人最看重的就是不要给子女造下业，让他们将来受罪，不要做断子绝孙的事。

另外，中国人的观念，强调的是父母、夫妇、长幼、父子关系的重要性。我们讲"五伦"，就是君臣、父子、夫妇、长幼、朋友这五种社会关系。我们可以看到在这五种关系中，父子、夫妇、长幼全是自然的关系，不是人为的关系，自然而然地就有这样的关系。而在最私密的关系中却包含了最无私的精神，就是父母对子女永远是不计回报地付出，永远是无私奉献、不求回报的。没有父母要跟子女讲条件、讲回报；没有父母认为他对子女的所有培养都是投资，将来是需要回收的，需要争利益的。没有！父母对于子女永远是无私地奉献、无偿地付出。

问：《论语》里的"子为父隐"在法治社会怎么理解？

1993年我到韩国做考察，就是想看看儒家思想在现代韩国还有什么影响。我从韩国的民法和刑法里面发现了一个针对窝藏罪的条文。窝藏罪就是你偷了东西，或抢了东西我给你窝藏起来，最后发现我是窝主，那是一定要治罪的。不仅偷的人要治罪，窝藏的人也要治罪，这是没有问题的。但如果窝藏者是他的父母，或者是他的子女，则可以从轻发落，本来是判10年的话，可能只判5年了。这个条文马上让我想到《论语》

里面的一句话,"父为子隐,子为父隐,直在其中矣。"父亲要为子女隐,子女要为父亲隐,而且"直在其中也"。我又想到我们是怎么做的呢?

反过来在韩国的刑法中还发现了另外一条——伤害罪。如果是不相干的两个人,或者一般的朋友,你伤害了我,我伤害了你,当然要判刑了。但父母伤害子女或子女伤害父母,则不仅要判刑,而且要重判。同样的伤害罪不相干的人判5年,父母伤害了子女,或子女伤害了父母,那就要判10年。从这两个例子来看,很显然,韩国是将儒家的思想运用在情与法的关系里面了。我觉得这是值得我们借鉴的,我们不能简单地因为它是儒家的思想就否定它,它也有一定的道理。

在儒家思想里,血缘关系是很重要的,就像我们常常讲家庭是一个社会的细胞,家庭和谐了,社会也和谐了;家庭混乱了,这个社会就和谐不起来。如果一个人在家里都不尊重、爱护老人,那么他到了社会上也不可能尊重、爱护别人。这是儒家的道理,推己及人啊!所以最重要的是要培养在家庭里尊敬长辈的习惯,要父慈子孝。这其实是一种双方的关系,要建立起这种家庭关系,破坏了这一点就会给社会带来混乱，这种观念应该根植在人们心中，在法律上也要体现出来。

问：养老政策合理吗？如何重新建立亲情社会？

不同的生命观念决定了很多社会行为，一直延续到现在。中国人特别强调家庭、亲情，有家庭的老人还是应该待在家庭里面。人待在养老院，今天看到这个走了，明天看到那个走了，心情能好吗？在家里看到活泼可爱的孙辈，心情当然好了，看到自己后继有人，死了也甘心。发展养老院的政策不是按照中国的文化传统制定的，而是完全按照西方的文化传统来制定的，不应该是未来发展的方向。我们要鼓励子女来养老，让老人享受天伦之乐。补救养老院的办法是，养老院最好跟孤儿院在一起，让老人每天都能跟儿童在一起，在情感上互相慰藉，护理也更方便。亲情是中国文化的基点，"孝弟也者，其为仁之本与！"（《论语·学而》）"文革"中最让人痛心的就是亲人之间互相批斗。现在社会缺乏安全感，不仅有衣食住行的不安全，还有婚姻的不安全、家庭的不安全，而最大的问题是亲情没有安全感。本来家庭是一个安全的港湾，过去的人在外，再受苦受难，回家就暖洋洋的。如果回到家都没有温暖，那就麻烦了。

那么如何重新建立亲情呢？从中国传统文化出发，我们今天要重视对感恩心的培养。感恩可以从五个角度来讲：感恩天地，因为天地是一切生命的来源；感恩父母，因为没有父母的养育也就没有我们的生命；感谢师长的教诲，因为没有师长的传道、授业、解惑，就没有自身的成长，这里指成长为真正的"人"；感恩同胞，因为我们相互不能分开；感恩同学，这里不是指狭义上的同学，而是泛指一切可相互学习的对象。同学有缘才会相聚，一起互相勉励，共同进步。我作为教师，也很感激学生，是他们触发了我的思考，也就是所谓"教学相长"。那么中国传统观念里的"尽忠"可看作对社会同胞的感恩。

中国文化的生命观注重的不是个人的问题，而是生命集体。中国文化建立在这样一个生命观基础上，强调自然的伦理关系，即父母子女的伦理关系，注重亲人之间的相互关怀。父要慈、子要孝，父母应该担当起养育、教育子女的职责，子女应该担当起孝敬、赡养父母的职责。建立在这样一种生命观基础之上，中国文化在某种意义上可以说最后落脚在孝上，百行孝为先。如果孝被彻底破除了，中国文化的根本精神、根本特点也就消失了。

父母"身体力行，以身作则"

人类的生命是靠家庭的结合才得以出现，因此家庭就有责任和义务去担当责任，你要生育，要养育，还要教育。"生而不养，养而不教"，表明父母没有尽到自己的职责。父母对子女教育的最根本之处在于父母"身体力行，以身作则"，不能说父母督促子女读点书、背点书就叫家教。我们自己都不以身作则，一天到晚在子女面前骂人，还对父母不敬，子女能学到的也是这些东西——相互的指责，对父母的不敬。

家教的根本问题是父母对子女以身作则。过去家风就是这样传承的，孩子看父母怎么样对待他们的老人，父母之间又是怎样互相尊重，就会自然而然地学到这些东西，不用父母再专门教授。

父母是要有担当的，"我"做的事情是要为整个家庭担当，这不仅仅是"我"的问题。人结婚以后身份就会发生三个方面的转变，一定要意识到：第一，从现在开始，我不是对我自己负责，我要对对方负责，我的责任不仅仅是我自己的，也连着对方的，双方都是这样；第二，我现在要面对两个家庭了，我自己的父母的家庭、对方父母的家庭，我要对两个家庭担当责任；第三，我未来还要为我的子女负责。第三点尤为重要，因为它不仅仅是对自身子女负责的问题，你对子女的教养水平代表着对社会的负责程度，就是意味着你将来给社会提供一个什么样的接班人，是合格的还是不合格的，是对社会有益的还是有害的？所以家庭的责任重大，不是我们现在理解的合适就在一起，不合适就再见，不是那么简单的。不理解这个谈什么家教，谈什么家风传承？谈不上，首先要有家庭！

因此可以说，家文化是中国传统文化的核心。中国人骨子里对家的情感是去不掉的，家的情感一直都在，现在应该更加重视起来，在生活中践行起来。在家庭中，习俗的养成，很重要的一点在于榜样的力量。家庭建设从父母做起，父母为孩子做榜样，身教大于言教。

古代家规家训

《弟子规》、古代的几大家训,都是家庭教育学习的经典文章。《弟子规》是告诉我们人类言行举止规范的,家训是传承家风的重要载体,历史上以《颜氏家训》和《朱子家训》最为有名。

《弟子规》不是用来背诵的

有人说《弟子规》是封建的一套,我说《弟子规》是告诉我们人类言行举止规范的,没有必要从头背到尾,但让孩子学一点用一点是切实有效的。学《弟子规》不应该从背诵开始,你让孩子学一点做一点就行。首先从这三点开始:

一是"父母呼,应勿缓"。这是一个孩子最基本的礼貌。别人叫你不应,你父母叫你总应该应吧,这是最基本的,要让孩子按照这个去做。

二是"出必告,反必面"。你出门告诉一下父母要上哪里去,回来说一声"我回来了"。这样的行为规矩要不要养成?这就是一种最简单的习惯。为什么要有这个礼仪？因为要让父母放心。

三是"晨则省，昏则定"。早晚问好、请个安，也没有什么难做的。

一个孩子你就让他做到这三条，督促他甚至是监督他去做，我想他的家庭关系就会发生重大的变化。过去这个孩子你叫他，理都不理，现在答应了；过去出门从来不告诉你，现在出门告诉你，回来也告诉你；早晚还要请个安。孩子天天这么做，养成一个好习惯，父母肯定很开心。

我们教孩子学习《弟子规》，从这三点入手，慢慢地增加，从三条到五条，从五条到十条……不要求孩子把《弟子规》里面的所有内容都做到，而是根据不同情况选择着做，不一定要背诵。年轻的时候背了以后记得熟，但关键是要应用才行。我们继承传统文化，根本之道在于继承其精神。倒背如流那是专门研究传统文化的人才需要做的事，可是现在连专门研究传统文化的人都不一定能够倒背如流，却要求孩子倒背如流，我觉得没有必要。其实，我们告诉孩子应该遵守的最基本规矩就行了。

《朱子家训》让孩子从小学什么？

《朱子家训》第一句话就讲"黎明即起，洒扫庭除"。古代孩子从小学什么？学"洒扫、应对、进退之节"。"洒扫"就是整理内务，整理环境。我们要让孩子养成这个习惯，现在家庭里面有多少孩子能养成这个习惯？全都是大人包办代替。

"应对"就是教育孩子跟大人怎么说话，跟朋友怎么说话，跟哥哥姐姐怎么说话，跟弟弟妹妹怎么说话。不光要教导孩子在语言方面的应对，还要教导他们在行为上的应对。

"进退"就是教育孩子什么时候应该往前走，什么时候应该走在后面，这是有规矩的。孟子常讲，"徐行后长"，跟长辈在一起的时候你就应该慢慢地走，要走在长辈的后面。孩子从小就要养成这些习惯。一个人从小养成的习惯，一辈子都会按照这样去做的。行为规范《弟子规》学的就是这些东西，"洒扫、应对、进退之节"，节就是关键点，最恰当的、最合适的方式叫作"节"。

除了学习上述内容之外，孩子从小还要学礼、乐、射、御、书、数，这是古代讲的"六艺"。"礼""乐"可以说是各种各样的仪式，各种各样的歌舞，广义上讲就是文艺方面的基础教育。"射""御"是射箭和驾车，"射"是射箭，"御"是驾车。射、御也是修身养性的体现，"射礼"在古代是非常受重视的，到现在，人们也在思考怎么样恢复这个"射礼"。我听说珠海有个学堂里边专门设了一个练射箭的场所，韩国到现在小学里边还有射礼的课程。这个"射"里边也包含了很多道理，要想能把这个箭射中，就要要求身正，即身体站正。身子要站得正，能够稳定下来，专一下来，站在那，心里面想别的东西是射不中的。所以不要看一个简单的射礼，里边包含了身正、心正的道理，心不正则身不正，身不正就射不中。万一射不中呢？完全有这个可能，你要反思。你不能想着靶子挪高一点不就射中了嘛，靶子稍微往右一点不就射中了嘛，不能那样去反思。你要反躬自问，是不是我当时走神了，心跑偏了，想别的了所以没有集中精神。"书"是指我们的写字，对汉字的认识，知道这些汉字是怎么形成的，中国古代有所谓的"六书"，认识汉字的构成。"数"就是有关天文地理各个方面的知识。总之，从小学要学的东西很多，既要学行为规范，还要学"六艺"的最基本的知识，文艺、武艺、技艺等。

古人15岁以后入大学，大学阶段的要求又有所不同。那么古人在此时主要学什么呢？要学做人的道理，所以读《大学》要"教之以穷理、正心、修己、治人之道"。

穷理，就是了解天地万物的道理，然后来正心。这实际上讲的就是《大学》里的八条目，即"格物、致知、诚意、正心、修身、齐家、治国、平天下"。由于"格物"而得到"穷理"，然后就"致知"了。"正心"就是"诚意"，"修己、治人"就是"修身、齐家、治国、平天下"。大学就要学"格物、致知、诚意、正心、修身、齐家、治国、平天下"，这些都是做人最基本的道理。其中，"修身"又是关键，所以《大学》里讲"自天子以至于庶人，壹是皆以修身为本"。

《包拯家训》和《颜氏家训》讲什么？

包拯是历史上著名的清官，妇孺皆知，深受百姓爱戴。在临终前，他也曾著家训："后世子孙仕宦，有犯赃滥者，不得放归本家；亡殁之后，不得葬于大茔之中。不从吾志，非吾子孙。"大意是，后代子孙做官的人中，如有犯了贪污财物罪的人，都不允许放回老家；死了以后，也不允许葬在祖坟中。不遵守我遗训的，就不是我的子孙。一人之贪赃，被视为是整个家族的莫大耻辱。包拯的子孙到底也没有辱没祖宗，其次子包绶、其孙包永年都居官清正，留有廉声。一条家训，有力地约束了整个家族，这是一种莫大的智慧与力量，仍然值得今日借鉴。

《颜氏家训》是南北朝时期颜之推所创。颜之推自幼承袭家学，并无赫赫之功，也未列显官之位，却因一部《颜氏家训》而享千秋盛名，由此可见其家训的影响深远。《颜氏家训》开后世"家训"的先河，是我国古代家庭教育理论宝库中的一份宝贵遗产，朱熹的《小学》也曾借鉴。

《颜氏家训》全书二十篇，各篇内容涉及的范围相当广泛，讲如何修身、治家、处世、为学等，其中不少见解对今天的家庭教育来说，也有参考借鉴意义。比如，他说读圣贤书是为了"诚孝、慎言、检迹"，读书问学的目的，是为了"开心明目，利于行耳"。"若能常保数百卷书，千载终不为小人也。"他认为无论年龄大小，都应该读书学习。"幼而学者，如日出之光，老而学者，如秉烛夜行，犹贤乎瞑目而无见者也。"

书中有一则故事，说北齐时，一些人教孩子学鲜卑语、弹琵琶，希望通过服侍鲜卑公卿来获取富贵。颜之推对此非常不屑，认为这样会迷失人生方向，即使能到卿相之位，亦不可为之。他要求子女"慕贤"，将大贤大德之人作为自己的人生偶像，并且"心醉魂迷"地敬慕与仿效他们，在他们的影响下成长。

他还强调，"夫风化者，自上而行于下者也，自先而施于后者也。是以父不慈则子不孝，兄不友则弟不恭，夫不义则妇不顺矣。"家长要以身作则，成为子女的楷模。甚至在婚姻问题上也有训诫，让后辈"勿贪势家"等。

问："相夫教子"是不是捆绑女性的枷锁？强调妈妈这个角色的重要性

"相夫教子"出自《论语·季氏》，是古代衡量妇女道德水平的一种标准，也是对贤淑妻子的称赞。这个词在旧社会被很多人用来束缚女性，但我认为，应该撕去那些遮人眼目的东西，解读出它深层次的意义，并应用于当今社会。

"相",其实是辅助的意思,所谓"相夫",并非指事无巨细地照顾丈夫,没有原则地迁就讨好。"相夫"是在夫妻俩"相敬如宾"的前提下,妻子帮助丈夫,减少他的后顾之忧,让他多为社会作贡献。这里有个前提,丈夫对妻子也是尊重的。

当然,在当今社会,女性也走出了家庭,有自己的事业和社会贡献,这时,作为丈夫,也需要支持妻子。由此可见,任何东西都有两方面,从积极的方面去理解、践行,就是好的;从消极的方面去理解、践行,就是坏的。同样的一句话,一个道理,不同人去应用,效果可能完全不同。

中国还有一句老话:"男主外,女主内。"这句话出自《周易·家人》,"家人,女正位乎内,男正位乎外。"同样,这句话放在现代来看,很多人觉得它是狭隘的:凭什么就让女性待在家里?但是在我看来,"男主外"强调更多的是责任,而"女主内",则更强调母爱的作用。

对于孩子来说,母爱是不可缺少的,母亲的重要性是其他任何人都无法代替的。一个得到过母爱的孩子，才会自信、自爱，缺乏母爱的孩子容易缺乏自尊。尤其在孩子3岁前，母亲的全情陪伴，母子之间的肌肤接触是非常重要的，这一点符合自然规律，也是经过科学论证的。

妇女在家庭教育和家风培育上占据核心地位。习近平总书记强调，"发挥妇女在社会生活和家庭生活中的独特作用，发挥妇女在弘扬中华民族家庭美德、树立良好家风方面的独特作用。"女性以其特殊的优势，在家庭建设中发挥着无可替代的作用。

这一点，需要让更多人看到，而不是被忽视掉。现代，女性走出了家门，有了自己的事业和社会价值，这是好事，但不能因此忽视掉自己作为一个母亲的责任。很多女性因为太忙了，产假还没结束就离开家，甚至连孩子都不怎么抱，这对孩子的伤害是非常大的，因为在孩子的幼年，没有任何人能够代替母亲。

"男主外、女主内"更多的应该表现在这个时期，丈夫应该承担起更多的责任，以便让妻子可以全心全意地照顾孩子。当然，这也需要全社会做出努力，为女性提供更多的保障，给她们足够的包容，让她们拥有照顾孩子的机会。

当女性的后顾之忧减少了，等孩子大一些，她们才能将更多的热情投入到工作中。

问：养儿是为了防老吗？

在很多场合，我都提到过"养儿防老"这个词。可能对现代追求独立的年轻人来说，这是一种过时文化，甚至有人会觉得"养儿防老"是父母对子女的一种不合理要求，是自私的表现。

中华文明绵延至今，文化生命力和民族凝聚力之所以能生生不息，与对孝道和家庭的重视密切相关，而对孝道和家庭的重视正好彰显了中华民族的生命观。所以，要想解释"养儿防老"的深层含义，要从中华民族独特的生命观说起。

中华民族的生命观是儒家和道家的生命观。它认为生命是自然形成的，不是任何神创造的，所谓"天地合气，万物自生；犹夫妇合气，子自生矣"，这是一个阴阳和合的自然现象。这种生命观认为，生命不是一个个独立的生命体，而是相互关联、前后相续的，个体生命只是整个生命链中的一段，个体生命有生就必有死，而人类的整体生命则会通过下一代接续下去。

《礼记·祭义》中引曾子的话说："身也者，父母之遗体也。"意思是，子女的身体是父母身体的继续，也就是其父母生命的延续。在这样的生命观里，父母子女、兄弟姐妹之间乃至五服之内的亲属之间，都有血脉亲情，彼此之间都是有责任、义务的，这是天伦。

而养儿防老，是对孝观念的理解。首先需要认识孝是什么意义，孝是强调伦理的东西。三国时期有位思想家，叫王弼，他说过一句话："自然亲爱为孝。"孝是父母和孩子发自内心的东西，是自然而然的关心。这在自然界很常见，比如乌鸦反哺，这是天性。进化到人类这里，其实是把这种天然的东西变成了一种自觉性。

按照中国人的生命观，我是父母结合而来的，要始终心怀感恩。生命是一个代代相续的过程，既然如此，就不能忘掉父母。懂得这个做人的道理，就一定会懂得孝。

子女有享受父母养育的权利，同时，更要记得自己的义务。权利和义务要达到统一，这其实就是对"养儿防老"的一种解读。"养儿防老"不是父母给子女的束缚，而是每一个子女应该懂得并承担的义务。

从中国人的生命观来看,"养儿防老"不仅仅是养父母,更是养自己,你年轻的时候孝敬父母,当你老了,你的子女感恩你,照顾你,这才是生命的良性循环。

现在有些父母觉得自己很开放,让子女出去闯,说以后我老了不用你养。表面上看这很无私,但我认为这个无私有些肤浅。父母确实可以为了子女的前途放弃一些东西,但我觉得父母更应该让子女懂得自己的责任。

关于这一点,我家有个小故事。当年我儿子刚刚参加工作,自己挣了工资,我爱人不让他给钱,因为我们俩的工资完全可以养活自己,确实不需要他的钱。但是我认为这是个大的错误,不要他的钱,会让他觉得不用照顾父母,只照顾好自己就够了,这是一个非常错误的做法。

后来,我让儿子每月都给我们5元钱,其实我们也不会花,只是想通过这种形式,让他心里有父母,让他明白自己的责任。这种责任的教育在任何时候都不可或缺。

一个人懂得对父母的责任,才能懂得对家庭的责任、对社会的责任、对国家的责任。

传统文化中的教育方式

有教无类的教育方式

孔子讲"有教无类",一般从身份上来讲,即贵族平民都能受到教育。其实,"有教无类"还应包括针对孩子不同的智力、体能特点来教育。个体存在很大的差异性,要把每个人的个性充分发挥出来。现在批量化的生产是把多样化变成一律化,教育也批量化、规范化、标准化,就不符合"有教无类"的传统理念了。

孔子的学说是很具体的,针对不同的人和不同的问题,给出相应的答案。比如说,孔子对其弟子提出的"什么叫仁"这个问题的回答就各不相同。

一次,孔子的弟子樊迟问"仁"是什么。子曰:"爱人。"可还有一次樊迟又问什么是"仁",孔子就告诉他:"先难而后获,可谓仁矣。"意思是你先不要想得到什么东西,只有先努力去做,才可以有收获。

孔子的另一个弟子司马牛也曾问过相同的问题,孔子说:"仁者,其言也讱。"就是说仁者不是夸夸其谈的人。

孔子另外一个弟子子张问他时,他就回答说,能够行五者于天下的话就是"仁"了。哪五者呢?恭、宽、信、敏、惠。可见,孔子对于"仁"的回答都是非常具体的。他会根据每个人不同的情况,告诉他什么是"仁",实际上也就是指出每个人身上的缺点和问题。

演戏和说书也是一种教育方式

朱熹认为,一个人一生的教育分成两个阶段,第一个阶段是从8岁到15岁,是儿童时期的教育。在8岁到15岁这个阶段,所有人都应该接受教育,上至王公大臣的子女,下至庶民百姓的子女都应该接受教育。这个教育不是像我们现在理解的必须要求子女识字,古代人不识字的多的是,大概有90%,但是古人懂得做人的道理,懂得做人的道理不见得就要通过识字。我们的社会实践中有一些身体力行的榜样,就是将教育视作一种风俗习惯,尤其是过去有非常重要的叫作"高台教化"的教育方式。

什么叫"高台教化"?在高高的台上进行的演戏、说书,就叫作"高台教化"。这对民众的影响最直接、最现实。很多民众懂得做人的道理，固然是因为家里的父母以身作则，受到代代相传的家风的影响，但他们能够知道应该如何做人，做什么样的人才是对的、做什么样的人是不对的，更多地还是得益于看戏、听书。

中国古代书院教育

中国传统教育是将知识和德行教育结合在一起的。近年来，教育界提倡与世界接轨，实际上就开启了个误区：在西方的教育传统中，知识教育和道德教育一般是分头进行的，学校是知识教育的场所，教堂是道德教育的场所。在中国传统文化中，知识教育和道德教育是集于一身的，中国传统书院充分地体现了这种理念的根本精神。在知识教育和道德教育中，德育教育又是放在第一位的，教之以为人之道、为学之方是传统书院教书育人的根本理念。即使是知识传授，也不是灌输书本、章句的知识，而是教会人们发现、掌握和运用知识的方法和能力，这就是为学之方。

朱熹在《大学章句序》中明确规定了教育中两个阶段的教学内容：八岁到十五岁小学阶段的教育是

"教之以洒扫、应对、进退之节，礼乐、射御、书数之文"，这个阶段的教育注重的主要是行为规范的养成；十五岁以后大学阶段的教育，"教之以穷理、正心、修己、治人之道"，注重道德修养、尊师重道，这都是围绕着为人之道展开的。从小学到大学都要培养人的道德品质。

朱熹还提出了六条读书方法，这六条实际上也是书院的教学方法：循序渐进、熟读精思、虚心涵泳、切己体察、着紧用力、居敬持志。这就是为学之方，从学习到实践的过程朱熹都提到了。

首先，中国古代书院的理念和宗旨是围绕怎样做人、成为怎样的人来展开的，这实际上也是现代教育经常讨论的问题——我们究竟是要培养一个人还是要培养一个什么样的人呢？我是20世纪50年代进入北大的，当时进入北大看到的标语都是"欢迎你，未来的哲学家……"目标是成为一个"家"，但还没有成为一个真正的人，怎么可能成为真正的"家"呢？教育的根本是培养一个真正的人。

现在，我们也经常会强调职业道德教育，但一个人连做人的道德都没学会，怎么可能会遵守职业道德呢?如果他能够遵守做人的基本道德,他也会遵守职业道德,二者之间是本末的关系。"君子务本,本立而道生。"做人之道是根本,只有抓住"本","末"才能产生,用王弼的话讲就是"举本统末","举本"才能"统末"。许多人都是本末颠倒,我们重视成为一个什么"家",而忽视如何成为一个真正的人,我们强调职业道德而不重视人的道德教育。

其次,书院也继承了传统的教育理念,即"有教无类,因材施教",这两个方面的配合非常重要。一方面,不管你的资质、身份如何,都是"有教无类";另一方面,又要根据不同的资质进行不同的教育,充分发挥每个学生的特长。现在,批量化、标准化、规范化的教育理念和教育方法扼杀了许多学子的才华。

再次,书院教育理念中根本的一点就是启发式教育。什么是启发式教育?启发即点拨之义。该怎么点拨呢?首先要培养学习的自觉性。孔子讲:"不愤不启,不悱不发。"充分调动学生学习的主动性是启发式教育的关键,然后才有"引而不发,跃如也"。如果学生没有学习意愿,老师再启发也没有用。

我原来对马一浮先生有些不理解。当年,浙江大学请马一浮先生当教授,他说:"我不去,'礼闻来学,不闻往教'。"那样坚持干什么呢?人家来请你,不去传道,那样做太古板了。后来想想,这样做很有道理——你没有来学的精神,怎么去教你呢?对方根本没有需要,你非要送上门去给人家。因此,学子一定要自觉主动地提出学习要求,老师才能给予针对性的教育。传统的书院教育都是自觉自愿的,古代常见学子背着粮食跑到深山老林来求学,主动性很强,做老师的就爱收这样的学生,对这样的学生才能进行启发式的教学。有了自觉性、主动性,学生才可能举一反三、融会贯通。

此外,书院坚持的另一个原则就是以自学为主,相互切磋,教学相长,自由讲学。书院是自学为主,不是灌输。同学、师生之间相互切磋,这样就能够教学相长。然后才能自由讲学,大家可以发表自己的意见。这是书院非常好的传统。书院的精神是:注重学术研究,深化学理探讨。

最后,书院还有一个传统,就是密切的师生关系。师生如父子,书院如家庭,这是非常有意义的一件事情。我们现在的师生,只是在课堂上才见面。有人说

"师生如父子"是封建的东西,其实我觉得"师生如父子"——师父师父,学子学子,师就是父,学就是子——是不能简单地否定的。我们过去也常讲君父、臣子,父母官、子民,这都是通过父子关系构建一种亲情,然后达到融洽的关系。可能很多人会反对师生如父子,书院如家庭。

我曾接受一个专题采访,其中有一个问题是中国历史上是家国同构的,这是封建专制主义的特征吗?是的,中国古代确实是家国同构,古人常把国天下变成家天下,然后把家天下推扩到国天下。很多人认为这是传统文化中的腐朽作风,近百年来,我们批判宗法血缘制度的核心也是直指家国同构,不能否认家国同构确实有问题。但是,这个问题也还有其他的维度,把地方官称"父母官",把官员以姓的关系纳入"父母、子女关系"中,就绝对不好吗?父母对子女永远是无私奉献、不计回报的。有这一层关系,恐怕比雇佣关系要好很多。所以,我们看任何问题都不能简单化。

当今教育非常需要师生如父子,书院如家庭的书院传统。现在的教育变成了学生出钱买知识,教授收钱卖知识，那还有什么意义呢？传统书院里所有的老师同学同学习、同探讨、同游乐，现在还有多少地方能这样做呢？我们希望书院能实践这一传统。

我们都知道王阳明游南镇的故事。什么叫"游南镇"？不就是老师、学生等一起郊游吗？大家在南镇游玩看到了花，一友人指着岩中花树问："天下无心外之物，如此花树，在深山中自开自落，于我心亦何相关？"王阳明答道："你未看此花时，此花与汝心同归于寂；你来看此花时，则此花颜色一时明白起来，便知此花不在你的心外。"（《王文成公全书·传习录下》）师生在谈话间讨论了一个非常深奥的问题，这不是单纯在课堂上能获得的知识。我讲过，学生要学会"偷学"，即随时随地都可以学，随时随地都要学，但现在教育的问题是，没有一起随时随地同游的机会，学生怎么"偷学"呢？

问："对牛弹琴"是在讽刺牛吗？

孔子说"有教无类"，现在对"类"的解释，讲得比较多的就是社会阶级的不同。现在人们有时解释"有教无类"就说，不管是有钱的还是没钱的，不管身份如何，都应该予以教育、教化。有没有这一含义？应该是有的。但是当年孔子讲"有教无类"，"类"主要指人与人之间存在资质的差别，而不在于金钱的差别。也就是说，有的人可能聪明一些，有的人可能愚笨一些，不管是愚笨的还是聪明的，都要进行教育。人的根机不同，教育的方法就要不一样，这就叫作"因材施教"。教育不能用一种标准化的、规范化的方法，因为有的人听得懂，有的人就听不懂。必须根据听众的根机，给他讲能听得懂的内容，否则就叫作"对牛弹琴"。"对牛弹琴"显然不是在讽刺牛，而是在讽刺对牛弹琴的人，因为他不看对象乱弹。

贰

育人就是教人如何做人

子曰：古之學者為己，今之學者為人。

錄自論語憲問

樓宇烈 乙未秋

在中国传统文化中，教育可以分为三大类：一是家庭教育，一是学校教育，一是社会教育。从一个人受教育开始，家庭、父母就是第一任教师；然后是学校，人的大部分文化知识都是在学校学到的；除此之外，人又脱离不了社会的教育。良好的家庭教育非常重要，可以说是教育的基础，但是如果没有良好的社会环境相配合的话，那么再好的家庭教育也会大打折扣。孩子成年后离开家庭，进入社会这个大染缸，又有几人能做到"出淤泥而不染"（周敦颐《爱莲说》）呢？所以，家庭教育跟社会教育是相辅相成、密切相关的。大多数孩子上学以后，对老师的言行会更加看重，在这一阶段，老师身教言传的影响力超过了父母。正因为如此，为人师者要成为学生言行的楷模。北京师范大学的校训是"学为人师，行为世范"，教导立志做教师的人，在学问上可以做别人的老师，在行动上应该成为世人的典范。

中国自古以来就强调父母、老师言传身教的重要性，而身教要重于言传。中国传统文化中，教育首先要提升个人修养，进而教化社会大众，在全社会营造和谐的氛围。教人如何做人，是教育最基本的目标，就是要培养人的完善人格。然而近百年来，我们对传统教育中的许多基本精神、优秀方法，都有所淡忘、丢弃，在现代科学理念的影响下，逐渐用标准化、规范化的理念去指导教育。

由于每个人都是不同的个体，德国哲学家莱布尼茨说得好："世界上没有两片完全相同的树叶。"确实如此，连树叶都不是完全相同的，人能完全相同吗？人与人之间在智力、体能、兴趣等方面都存在差异，这是客观存在的事实，所以不能片面追求标准化、规范化。从孔子开始，我们的传统教育历来强调有教无类、因材施教，充分尊重每个人的天性，充分发挥各自的专长，做自己最喜欢做的事情。如果用刻板的教条去要求孩子，难免扼杀孩子的创造性，从而导致厌学。孩子在成长的过程中，经常产生很多稀奇古怪的想法，若以影响学业为由加以抑制，反而更会影响学业。教育是立国的根本，针对不同年龄段的人，教育的手段也各有不同。少年儿童的教育是重中之重，兴趣的拓展是非常重要的一个环节，要让孩子们有广泛的兴趣爱好，这样他们的可拓展空间就更加广阔了。兴趣是最好的老师，我们不要求孩子们对每件喜欢的事情都做到比较高的水准，结果并不重要，关键是让他们借助兴趣启迪智慧。培养广泛的兴趣，孩子的思路才能拓宽，才有探索精神，才有好奇心，这就为教育打开了门路。过去普通老百姓的文化程度不高，甚至不一定识字，没有机会接受学校教育，他们接受的就是社会教育。老百姓通过演戏说书这类舞台艺术来学习做人的道理、做事的规矩，也能起到教化的作用。

教育的意义如何体现？

第一，"玉不琢，不成器；人不学，不知道。"（《礼记·学记》）通过教育，让每个人都能懂得做人的道理，对自己、对社会、对天地万物，形成一种正确而全面的认知。关于人性善恶的问题，在历史上有各种不同的观点和说法，有持性善说者，有持性恶说者，有持性善恶混说者，有持性无善恶说者，有持性三品说者等。这都是由于人们对"人性"的不同定义，以及从不同的视角去探讨"人性"的问题，从而产生了不同的说法。如果从各自探讨的视角和定义来说，都有其道理。拿荀子"人之性恶，其善者伪"(《荀子·性恶》)的说法来讲，实际上他是从如何维护人类群体和谐，消除人性中那些可能引起相互争斗从而造成社会混乱的因素，以及认识到人只有通过教育学习、修身养性，才能认识自己作为"人"所具有的身份，才能自觉遵守做人的道理等视角，来阐述其性恶论。如果不只是停留在抽象的纯理论探讨，而是从社会现实人性来看，那么荀子的说法应当说是言之有理的，是有重要现实意义的，更是中国传统文化"人文化成"的根本精神的践行。人需要认识到人性中那些会引起相互纷争、导致社会混乱的因素，可以通过"人为"的后天教育，激发出人性中的"善"，从而培养起社会的"善"，以至于"化民成俗"，使整个社会养成向"善"的风气和习俗。

第二，教育事关一个国家和民族的兴衰。中国传统文化最重视教育，以此为立国之本，所以有"建国君民，教学为先"(《礼记·学记》)的说法。《管子·权修》说："一年之计，莫如树谷；十年之计，莫如树木；终身之计，莫如树人。一树一获者，谷也；一树十获者，木也；一树百获者，人也。"这句话后来被归纳为"十年树木，百年树人"，因为培养人才比种植树木要难得多，而且人才也关系到民族和国家的前途和命运，所以在传统文化中，教育始终被放在基础文化建设最根本的任务当中。中国的传统教育以传授做人的道理为根本目的，通过教育化民成俗，形成良好的社会习俗。不管是读过书的人，还是没有读过书的人，都需要通过教育，形成整体的社会行为。可是我们现在的教育，基本上变成了知识性的教育，教育的根本目的改变了，所以导致我们不能够真正把握传统文化的精神。

何为圣贤

谈到中国的文化，特别是儒家文化，这是一种做人的学问。即便我们知识再多，不懂做人的道理，也不能说是一个真正有知识、有文化的人。"乡贤"就是中国文化滋养出来的人，是本土本乡因德行而被本地民众所尊重的贤达之人。而"乡贤文化"就是这一地域历代圣贤积淀下来的文化形态，它影响和激励着民众的思想信仰和价值追求，从而引领社会、造福社会，维持社会和谐。过去乡间有"乡贤"，城市里有"贤达"，二者都是所在地域人民的榜样和表率。

什么叫贤人？过去我们笼统地讲"圣贤"，圣人是"与天地合其德"的"大人"，是通透的，洞彻了天道、地道、人道。圣人是极少数的，或许难以企及，而我们成贤却是力所能及的，这就要高尚其志，在"仁"和"智"上面下功夫。孔子认为贤人的标准有四条：第一条是"所谓贤人者，行中规绳而不伤于本"。贤人的行为是中规中矩的，以至成为人们学习效仿的标准。但这不是做作出来的，而是自然而然的。第二条是"言足法于天下而不伤于身"，言论可以为大家所学习和效法，但也不是做作的、故意的，故"不伤于身"。第三条是"富有天下而无怨财"，财富很多，而不令人产生怨恨，财产来源清清楚楚，明明白白，正正当当，是合理合法所得。第四条是"布施天下而不病贫"，把所有财产拿出来奉献社会，但不会鄙视贫穷。古代乡贤就是这样做的，他们做了诸如办学、开仓、修桥、补路等公益事业，可谓是贤人。

在城镇里，贤人过去更多被称为"贤达"。"贤达"就是"闻达"，声名远播，在社会上人人皆知。贤，要做到以上四条；而达人的"达"呢？不是现在的年轻人所谓的"达人"。《中庸》里有"达道""达德"的说法。所谓"达道"，《中庸》曰："中也者，天下之大本也；和也者，天下之达道也。""和"是天下之"达道"。《中庸》又说："致中和，天地位焉，万物育焉。""中庸"是中国文化实践的原则，我们做任何事情都有要以"中"为标准，无过、无不及，才能达到"和气"。"和"是一种什么状态？"和"不是孤立的、单向的，至少是两个不同的方面协调之后的结果。做到达人不能只顾一面，要思考怎么才能做到让社会、让人际关系达到"和"的状态。

何谓"达德"？《中庸》曰："好学近乎知，力行近乎仁，知耻近乎勇。""知、仁、勇三者，天下之达德也。"《中庸》的智、仁、勇和人们习惯理解的智、仁、勇还不太一样，值得我们细心关注和认真实践。"好学近乎知"，人活一辈子就要学一辈子，没有止境地不断努力学习。如此，方能"青，取之于蓝，而青于蓝；冰，水为之，而寒于水"，所以"学不可以已"（《荀子·劝学》)。所谓"智"者,就是好学,不停地学。当然,学也要讲究方法,不能死学,不可囿于名相、死于句下,要活学,更要活用。我们要活读书,读活书,才能读书活;如果死读书,读死书,那一定是读书死的。"仁"的概念非常丰富,不是简单的爱人就能概括的,既包括自爱,也包括力行。"知耻近乎勇",知即自知,"知耻"就是要有羞耻心。只有"知耻",才能唤起洗刷耻辱、捍卫尊严的勇气,激发出改造自我与社会的巨大力量,从而战胜脆弱、猥琐与渺小,为自我、群体乃至国家、民族赢得伟大与光荣。《中庸》的"三达德"是非常有价值的。我们既要懂得什么是达道、达德,更要特别强调"力行近乎仁"。仁不仅是道德,更是践行。

何为君子

一百多年前,梁启超先生给清华学子作了题为"君子"的演讲,并引用《周易》乾、坤两卦的象辞——"天行健,君子以自强不息""地势坤,君子以厚德载物",来激励清华学子"崇德修学,勉为真君子"。

君子，是中国传统文化的一个重要内容。"君子"一词很难界定，勉强相应于西方文化中的绅士（Gentleman）。现有的研究表明，君子一词出现在儒家学派创立之前，最初主要是指社会的执政者、当权者。后世也有在这个意义上使用的，如"无君子莫治野人，无野人莫养君子"（《孟子·滕文公上》）。我们都希望社会的管理者是德才兼备的君子，因为中国传统文化强调统治者的表率作用，要引导社会风气，通过教育来化导民众。

君子既是一个统治者，在某种意义上讲也是一个教育者。《礼记·学记》开篇就讲"建国君民，教学为先"，君子治理国家，要把教育放在第一位，通过教化民众，改变社会风俗，形成一个良好的社会氛围。虽然君子是身居高位的统治者，但这主要指社会地位、身份的不同，是相对于小人、野人来讲的。

孔子以后，君子的概念发生了比较大的变化，从社会地位的标志转变为人格品德的标志。孔子主要从道德的理念上来给"君子"下定义，这在以后的整个中国文化中形成了主流。君子、小人的差别也主要体现在道德、品格上的差别，是学养、德行的分别，这是一个很大变化。

中国文化中有两个与"君子"含义相近的词，一个是"士"，有时候说"士君子"，还有一个是"圣人"。士与君子，既有相同点也有不同点。后来荀子给这三个概念做了相当明晰的解释，他说"好法而行，士也"（《荀子·修身》）。"法"既包括道理，也包括法律。遵循一定的规律办事，侧重于从现实的做人做事方面来实现和遵守"法"。荀子接着讲，"笃志而体，君子也"（《荀子·修身》）。"笃志"，是指实实在在地做事，意志非常坚定；"体"就是实践，身体力行。所以君子既有远大而坚定的志向，又能很实在地去实践，也就相当于《中庸》里所谓"博学之，审问之，慎思之，明辨之，笃行之"，要实实在在地去做。而"齐明而不竭，圣人也"（《荀子·修身》），"齐明"，就是通达各种各样的道理，对天、地、人之理都看得很清楚，而且没有停止，不断向上、不断探索，去认识世界、认识人生，这就是圣人。

荀子给士、君子、圣人作了相当清楚的定义，有三个层次，圣人是最高的。这里面实际上贯穿了一个统一的观点，就是士、君子、圣人都要遵循做人的根本道理，遵循社会的公共法理，而且要坚持不懈地提升自己。

君子和圣人的差别在于，圣人更理想化一些，所以孔子认为自己算不上圣人，只有少数的卓越者才能成为圣人。当然，从道理来讲，人人都可以成为圣人，孟子就说"人皆可以为尧舜"（《孟子·告子下》）。然而真正能够流芳千古的圣人，绝对是少数。圣人更理想、更完美，君子则是人们在现实生活中可以达到的道德楷模。我们达不到圣人的标准，但是可以做一个君子。

君子十德

君子学识丰富，品行端正，因此常被冠以"博雅"两个字，这是君子所要具备的基本素养，所以君子也称"博雅君子"。一个君子要具备什么样的品德？古人对君子的要求很多，有一个字的要求，有两个字的要求，有三个字的要求，有四个字的要求等。

一个字的要求是"孝"，百善孝为先，这与中华文化密切相关。中华文化强调要孝敬我们的祖先，最直接的就是我们的父母,生命是父母赋予的,所以要报答父母。父母养育、教育子女,子女孝顺、敬重父母,这是相互关系,是一种自然关系,不是强制的。

魏晋时期,王弼对"孝"作了非常好的诠释,他说:"自然亲爱为孝",父母子女之间是自然亲爱的关系,"孝"是自然亲爱的伦理。孝者有三:"大孝尊亲",让父母得到社会的尊重,得到大家的认同。"其次不辱",不能给祖先争光争彩,至少不能让父母受到羞辱。"其下能养",赡养父母是"孝"最低的要求。

两个字的要求是"诚敬"。南宋朱熹曾经讲过,为人行事,诚敬二字,做人做事把握这两个字就可以了。诚者勿自欺,不要自己欺骗自己,不要妄为。"敬"是不怠慢、不放荡,我们要敬畏别人,也要敬畏自己,敬畏所从事的事业。一个人如果能够根据这两个字去做,就具有君子的品德了。

三个字的要求是"智、仁、勇"。我们现在对这三个字理解得比较肤浅,一般认为"智"是有智慧,"仁"是爱人,"勇"是勇敢勇气。其实不然,《中庸》对这三个字作了非常深刻的诠释:"好学近乎知",一个君子要好学,学无止境,不断上进。"力行近乎仁",

踏踏实实地去做才是"仁"。"知耻近乎勇",懂得羞耻的人才可以称为勇,真正有勇气的人能够发现错误并去改正,具备智、仁、勇三德的人才能成为君子。

四个字的要求是"礼、义、廉、耻"。一个君子应该守礼。每个人在社会中都有一个身份,儒家五伦,是礼的重要内容。父子、夫妇、长幼,这是自然的关系,无法逃避。守礼就是按照身份做该做的事情,尽分尽责。

义,就是明确该怎样做,不该怎么做,明白什么能做、什么不能做,一不小心,一念之差就会变为禽兽,甚至禽兽不如。孟子讲人与禽兽的差别只有一点点,有时候就在一念之间,所以要掌握住正确的方向。

廉,就是正直、清廉。做人应该正直,起表率作用,一个正直的人才能够诚信。"君子坦荡荡,小人长戚戚",君子做什么事情都可以让大家知道,可以让大家看到。

耻,就是做人要懂得耻。我们通过礼的教育、道德的教育,目的就是让人们有一种耻辱心,行为方正。《论语》讲"道之以政,齐之以刑,民免而无耻",用法律去规范大家走正路,所达到的结果是"民免而无耻"。"无耻"就是没有羞耻心，不足以让人反思自己的过错。"道之以德，齐之以礼，有耻且格"，通过道德教育的办法，启发人的道德自觉性，然后用礼规范，会培养出有羞耻心的人，其行为一定有格，方方正正。

总体而言，"中华十德"，即"孝、诚、敬、智、仁、勇、礼、义、廉、耻"，是君子之"十德"，同时也是中国传统文化精神所在。而国学教育的目的，在于构建社会风俗习惯，整顿社会秩序，使社会向着更为良好的方向发展。正如《孔子家语》有言，"人有五仪，有庸人，有士人，有君子，有贤人，有圣人。"我们要不断用优秀的传统文化武装自己，培养更多的君子，再向"贤人""圣人"努力进阶，成为更优秀的自己，为社会为国家的文化发展传承贡献一份力量。

楼老讲传统文化故事：兄弟之仁义

清初著名书法家邓钟岳写过一篇奇文，我非常推崇。有一次他到四川去，遇到出身名门的两兄弟，哥哥叫沈仲仁，弟弟叫沈仲义，因为争家产打官司。由于这两兄弟在当地的名气很大，地方官不敢轻易判决。

邓钟岳到了那里，就写了一篇文章作为判词。他说："鹁鸽呼雏，乌鸦反哺，仁也；鹿得草而鸣其群，蜂见花而聚其众，义也；羊羔跪乳，马不欺母，礼也；蜘蛛罗网以为食，蝼蚁塞穴以避水，智也；鸡非晓而不鸣，燕非社而不至，信也。禽兽尚有五常，人为万物之灵，岂无一得乎！以祖宗遗产之小争，而伤兄弟骨肉之大情。兄通万卷应具教弟之才，弟掌六科岂有伤兄之理？沈仲仁，仁而不仁；沈仲义，义而不义。有过必改，再思可矣！兄弟同胞一母生，祖宗遗产何须争？一番相见一番老，能得几时为弟兄？"兄弟俩脸上都挂不住了，不争了。

君子的社会价值

中国传统教育的核心就是恢复人性的本然，它分为两个层次：第一，首先是让人跟禽兽区别开来；第二，通过教育还要让一部分人跟普通人不一样，让其能够成为引领社会方向的一批人，古人就称为君子或圣贤。君子就是现实生活中的圣贤，圣贤就是理想中的君子。

君子的社会价值，首先是引领风气。"君子之德风，小人之德草，草上之风，必偃"（《论语·颜渊》），就是说君子的德行就像风一样，小人的品德就像草一样，风往哪儿吹，草就往哪儿倒。君子引领风尚，是社会正能量的体现。北宋思想家张载在《正蒙》里面也说，"君子于民，导始为德而禁其为非"，就是指君子引导民众按照社会公德前进。引领就必须做众人的表率，因为"身教胜于言教"。君子能够以身作则，所以说"君子不出家而成教于国"（《礼记·大学》），君子不用出门就可以使全社会受到教育。君子又"不赏而民劝，不怒而民威于斧钺"（《礼记·中庸》），以身作则在某种意义上就是营造一种氛围、一种风俗。一个社会的良善风俗非常重要，两百多年前，法国启蒙思想家孟德斯鸠在其《论法的精神》里面就讲到："当一个民族有良好风俗的时候，法律就是简单的。"什么都要用法律来管理，是管不过来的，还要靠人们道德的自觉，形成一个良好的社会风尚。如果人人是坦荡君子，是谦谦君子，那么这个社会就互相谦让、互相尊敬、互相守信。社会不可能没有不正之风，也不可能没有负能量，整个社会永远处在一个正负之间的平衡中,君子应当成为社会风气的引领者。

君子的另一个社会价值是传承文化。如果社会上没有致力于文化传承的人,那么文化就会中断。随着时代的发展,文化在不断地演进、变化,无论内涵,还是形式,都会发生各种各样的变化,但是文化的根本精神不能放弃,要靠君子来传承。传承传统文化,并不是要求人们拘泥于外在的形式,而是要把文化的灵魂和精神传承下来。

我们的社会希望大家都能够成为君子,这个当然是不可能的事情。君子永远是少量的,但是他能够影响整个社会,他能够起一个榜样的作用。中国教育的根本目标,最后是落实到"化民成俗"。教化民众,最后形成整个社会和国家的风俗。要形成风俗,就需要君子带头来实践,身体力行。"家有家风,乡有乡俗,国有国格",大家都看得见这样的榜样,大家都知道应该这样做。这个方面又跟所谓文化、知识没有多大关系,大家在生活中形成了自然而然的习俗,这个非常重要。一个社会有良好的风气,那么这个社会就不需要很多复杂的法律,大家都知道应该这样做,做人就应该这样做。一些君子在起引领、带头的作用，大家跟着君子做，由此形成了一种家风，形成了一种乡俗，形成了一种国格。比如说子女孝敬父母这件事。我们不求最高的"尊亲"，我们就求最低的"能养"。有这样的习俗在，还会有兄弟姐妹一天到晚推卸赡养父母的责任，去争夺父母的遗产吗？要想通过教育养成整个社会的习俗，其中关键的问题还是养心的问题。

孟子说过："一乡之善士，斯友一乡之善士；一国之善士，斯友一国之善士；天下之善士，斯友天下之善士。"在全球化的时代，要不止有"乡贤"，更要有"国贤""天下之贤"，要有开创"新乡贤"的广阔视野和胸怀。在当今社会，"乡贤""贤达"都是我们热切盼望涌现出来的人物，希望有这些人来引领社会、造福社会、维持社会和谐。

同时作为中华传统文化的传承者，我们常讲要让中国文化"走出去"，但我们首先要让中国文化"走回来"，那就是了解和认同自己的传统文化，恢复文化的自信。有了这样的文化主体意识，我们就能把中国文化建设好，让世界享受到中国文化的魅力。

"为学"与"为人"的统一

人的教育包括行为规范的养成以及为人处事的道理。应该说,"诚意""正心"在人的教育过程中占了非常重要的位置,因为人的一切行为都是由自己的精神生命在支配的,也就是听从自己的心来支配的。心这样想就会这样去做,心那样想就会那样去做。我们有的时候特别忌讳讲这个,因为这样一讲不就是唯心主义了吗?我觉得不是,这种说法不是唯心主义,它是在告诉我们必须端正心才能做好一个真正的人,否则的话跟禽兽没有多大差别,甚至于禽兽不如。所以儒家要"正心";道家也要"正心","养生"必先"养心";佛教更是讲"正心","勤修戒定慧,熄灭贪嗔痴"。其实中国的儒道释三家有个分工:"以儒治世""以道治身""以佛治心"。不是只有佛家才治心,儒道两家要治世,首先也要治人心。人的心术坏了,你治得好这个社会吗?治不好的!要养身,如果你自己各种各样的欲望去除不掉的话,你怎么样养自己的身呢?养不好。所以作为高级生命而言,人的教育过程归根结底就是管住自己的心、端正自己的心的过程。人是家庭、社会的一份子，自身做得好，再推己及人，家庭、社会、国家就都好了。

可以说整个中国文化都是围绕着让人不断地提升自我来展开的。首先，把人跟动物区分开；其次，把普通人跟君子区分开；再次，把君子跟圣贤区分开。我们生而为人，就要追求做一个君子。如果能够进一步提升，我们就不仅要做君子，还要做圣贤，成为万世师表。

那么君子品德怎么养成？环境非常重要，但环境影响不是绝对的，决定因素还是在于人自己。中华文化始终强调反求诸己。"古之学者为己，今之学者为人。"（《论语·宪问》）所谓为己之学，也是"君子之学"。荀子明确讲过，"君子之学也，以美其身。"君子学习是使自己成为更加完美的人，君子的学问是"入乎耳，箸乎心，布乎四体"。从耳朵听进去，留在心里，落实到实际行动，使自己变得更加完美。"小人之学"或者"今之学者"是为人的，"小人之学，以为禽犊"，把学到的东西看作飞禽走兽，做表面文章，显示给人看。"为人之学"，就是"入乎耳，出乎口；口耳之间则四寸"而已，根本落不到心里，更落不到实际行动。中华文化始终强调成为一个君子主要靠自己，自我不断提升，不埋怨环境，不随波逐流，有坚定的志向，身体力行，这才是君子。另外，还要寻求名师良友，荀子强调向身边的君子学习。古代人注重择邻、择友，就是寻求好的环境、好的朋友。不仅如此，我们还可以放开眼界，向天地万物学习。而一切的学习，都是为了不断地提升和完善自己，用荀子的话来讲就是"以美其身"。

"学"不仅是学书本上的知识

孔子说："古之学者为己，今之学者为人。""为己"就是完善自己，"为人"就是显示给别人看。这两种为学的态度是截然相反的，所以"为己之学"与"为人之学"从过程上来看也是完全不同的。

荀子关于"学"的重要性、必要性，以及"学"的内容、方法等问题都有深刻的论述。荀子十分重视学习的重要性，所以《荀子》一书以《劝学》开篇，第一句话就是"学不可以已"，告诉人们学无止境。荀子认为，人生下来是没有多大差别的，但为什么现实中又会有尧、舜与桀、纣之分，君子与小人之别呢？这主要是由于每个人所受的教育不同，所接触的环境不同，所结交的师友不同，以及自身努力的程度不同造成的。"学"不仅是学书本上的知识，更重要的是要学做人的道理。《礼记·学记》中说，"玉不琢，不成器；人不学，不知道"，"学"的目的就是不断地提升自己的修养。荀子说："君子之学也，以美其身；小人之学也，以为禽犊。"(《荀子·劝学》)君子之学要求做到"入乎耳，著乎心，布乎四体，形乎动静；端而言，蠕而动，一可以为法则"，即把学到的东西，落实到自己的言行中去，使自己的一言一行都合乎规矩，成为人们学习的榜样。而"小人之学"，则是"入乎耳，出乎口"，即只是把学到的东西，当成自己的财富，当成家里养的禽畜，以此向人炫耀，或与人交易。所以荀子又说："口耳之间则四寸耳，曷足以美七尺之躯哉！""小人之学"对自身德行的提升和完善毫无意义。因此荀子讲的"君子之学"，就是孔子说的"为己"之学；"小人之学"，就是"为人"之学。

君子的为己之学从何处入手呢？荀子说："其数

则始乎诵经，终乎读《礼》。"所谓"经"，包括《礼》《乐》《诗》《书》《春秋》。荀子为此解释道："《礼》之敬文也，《乐》之中和也，《诗》《书》之博也，《春秋》之微也，在天地之间者毕矣。"其中"礼"是最重要的，"故学至乎《礼》而止矣。夫是之谓道德之极"（《荀子·劝学》）。学的内容确定后，最重要的事情就"介然必以自好也；不善在身，菑然必以自恶也"（《荀子·修身》）。"君子博学而日参省乎己，则知明而行无过矣。"（《荀子·劝学》）荀子这些"劝学"的教导，至今对我们的教育工作，对师生们的教与学，都还有深刻的启迪和现实意义。

为"人不为己，天诛地灭"正名

教育的目的是让每一个受教育者有所收获，而"为己"则是教育之本质。"入乎耳，出乎口"的"为人之学"，没有经过心，因此不会落实到行动中去。中国优秀传统文化中的教育是"为己"，这一教育理念可以说是为"人不为己，天诛地灭"这句话正名的。现在，这句话成了自私自利者作恶的借口，而它的实际的意思是：一个人如果不能通过学习来完善自己的话，天地也不会容忍他。"为己"不是为了自己的名利，而是为了自己的提升，这正是教育的根本目的。再进一步讲，要成为社会大众的楷模、表率，努力成圣成贤。

在精神生活领域，西方文化强调向外，而中国文化强调向内。为什么说向内呢？因为我们的为学是"为己之学"，讲到天地万物和人的关系时，我们认为人是主体，这个主体要承担责任。比如，我们的生活环境出了问题，应该责怪外部环境，还是责怪自己呢？应该首先治理环境，还是治理自己呢？中国文化就是要让我们反省自己。环境是自己破坏的，就不要怨天尤人。如果自己的身心出了问题，更要向内扪心自问。

价值观念和思维方式要改变，不能仅限于思想层面，而是要付诸实践，做到"知行合一"。中国传统文化强调礼乐并重。礼就是通过一系列的礼仪规范使人可以在行为中践行道德价值；乐就是艺术，通过艺术的感染和引导，陶冶性情，使人接受基本的价值观念。这两个方面如鸟之双翼、车之两轮，相辅相成、缺一不可。

叁
我们应该读什么样的书

學問之道無他，求其放心而已矣。

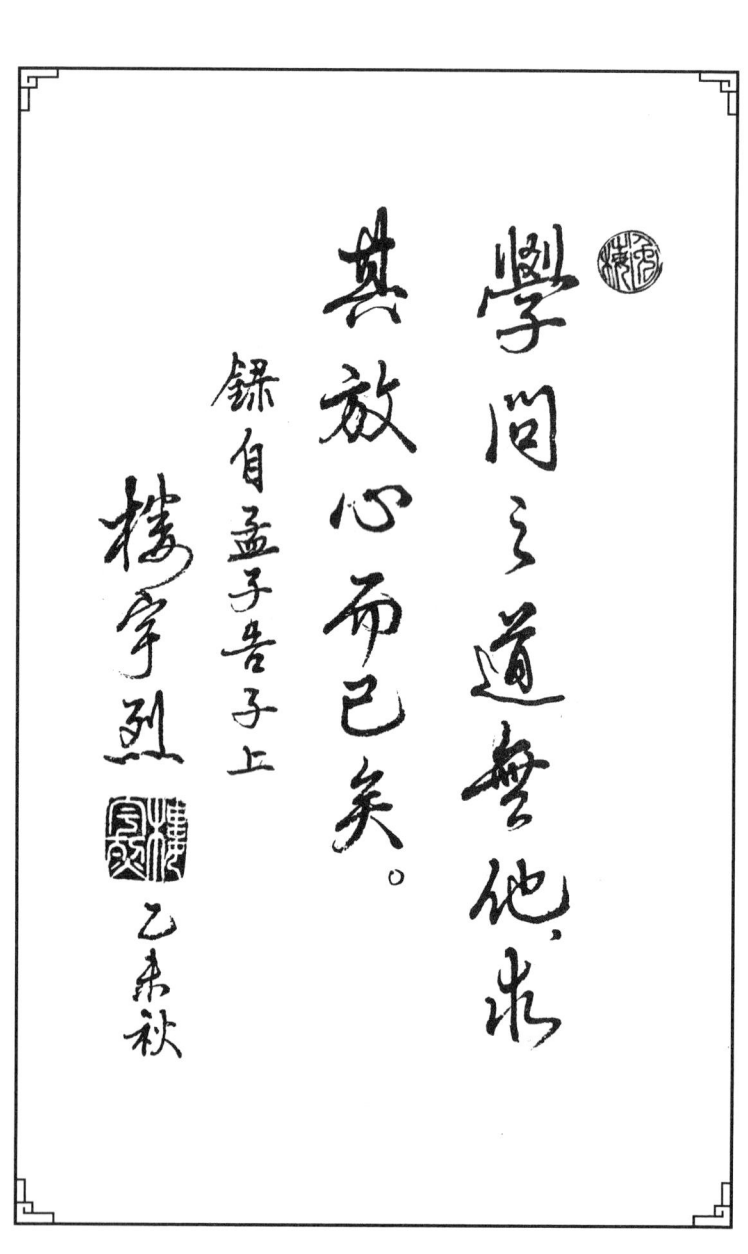

錄自孟子告子上

樓宇烈 乙未秋

读书等于做人

"读书与做人"这个题目中有两个词,一个是读书,一个是做人,中间加了一个"与"字。我想,最好把这个"与"字改成一个等号,即:读书=做人,做人=读书。

清初学者陆陇其说过,读书做人不是两件事。将所读之书,句句落实到自己身上,便是做人之法,如此方叫得能读书。如果不落实到自己身上去领会书中的道理,则读书自读书,做人自做人,只算作不能读书的人。我认为,一定要让读书与做人变成一件事,不要把它看作两件事。

清代学者朱用纯在《劝言》中也曾说过:

> 读书须先论其人,次论其法。所谓法者,不但记其章句,而当求其义理。所谓人者,不但中

举人进士要读书，做好人尤要读书。中举人进士之读书，未尝不求义理，而其重究竟只在章句。做好人之读书，未尝不解章句，而其重究竟只在义理。先儒谓今人不会读书，如读《论语》，未读时是此等人，读了后，只是此等人，便是不会读。此教人读书识义理之道也。要知圣贤之书，不是为后世中举人进士而设，是教千万世做好人，直至于大圣大贤。所以读一句书，便要反之于身，我能如是否？做一件事，便要合之于书，古人是如何？此才是读书。若只浮浮泛泛，胸中记得几句古书，出口说得几句雅话，未足为佳也。

这段话的大意是讲，读书时先要讲这个人，而不是先讲读书的方法，读书也不仅仅是读它的章句。不但求取功名需要读书，做一个好人也需要读书。为求取功名而读书，不见得不去探索文章内在的思想，但是它的重心也只是停留在文章的章句。为了提高自身修养而读书的人，不见得不重视文章的章句，只是更看重文章内在的思想。联系到现实生活，很多人能把《三字经》《弟子规》等经典记得滚瓜烂熟，甚至可以倒背如流，但这却不是读书的方法。很多人从小学开始就背标准答案，这样的读书方式与古代为中举人进士之人而读书无异，其重心只不过停留在章句上。

读书的第一个目的是通晓人道，明白事理。通晓人道，即要懂得怎样做人。《淮南子》一书中有这样一段话："遍知万物而不知人道，不可谓智；遍爱群生而不爱人类，不可谓仁。"当今社会的状况跟古代相似，很多人知识很丰富，知晓群生万物的道理，就是不懂得怎样做人，我们不能说这样的人有智慧；很多人爱万物群生，却唯独不爱惜人类自己，那么就不能说这样的人具有仁这种德行。

在中国传统文化中，观察、思考问题都是从人入手的。以人为本的人文精神的根本特点就是看一切问题都和人联系在一起，都要思考它对人有何教益。

读书的第二个目的是变化气质，完善人格。我们不是只懂得道理就可以了，就像陆陇其所说的，要学一句就对照一下自己，并督促自己按照正确方法去做。在没学习之前，我们不明白事理，不通晓人道，这没有关系。在学习之后，我们就要根据所明白的事理，所通晓的人道去改变自己。学和行、知和行一定要结合起来，只学而不行是毫无意义的。

让孩子学习《弟子规》是一个很好的现象,《弟子规》中讲的都是我们日常生活应该遵循的言行举止规范。《弟子规》不仅是对弟子讲的,每个人也都要按照书中所讲的道理去做,之所以叫作"弟子规",是因为我们要从少年儿童时期开始就养成好习惯。我们学习《弟子规》,同样也要身体力行,日积月累,人的气质会发生变化,人格会不断地完善。

中国传统文化重视"为己之学"。在《论语》一书中,孔子说:"古之学者为己,今之学者为人。"从字面意义上来看,今人似乎要比古人好,古人学习是在为自己打算,今人学习是在为别人打算。其实,不断地完善自己,提升自己的学问才是为己之学,它不是为了炫耀给别人看,这也是君子之学。小人之学是将学问当作礼物来取悦别人的,从耳朵里听进去,嘴里就说出来了,只不过丝毫没有提升自己。

荀子曾经说过,尧舜、桀纣生来是没有什么差别的,为什么尧舜会变成圣人,而桀纣会变成恶人呢?这主要是受后天的教育和周围环境的影响。我们先不讨论人性是孟子主张的"性善论",还是像荀子说的

"人之初，性本恶"。从另一个角度来讲，他们都承认人是可以改变的，变好的成为圣贤，变坏的成为恶人。《论语》中说："性相近也，习相远也。"意思是人们先天的性格是相似的，只是由于后天的成长、学习环境不一样，性情才有了很大的差别。当然，这也是相对而言的，不见得不读书的人就不会成为好人，也不见得满腹经纶的人就不能成为坏人。

读书还有第三个目的，就是拓展知识，学习技能。这三个目的是有先后顺序的：通晓人道，明白事理是第一位的，然后再去改变气质，完善人格，最后通过实践去拓展我们的知识和技能。就像孔子讲的："弟子，入则孝，出则悌，谨而信，泛爱众，而亲仁。行有余力，则以学文。"（《论语·学而》）我们首先要"志于道"，学习做人的道理，连人都做不好，事情怎么能做好呢？其实，一个人不管做什么事，都要看他（她）有没有胸怀、志向。我们做任何事决不能仅仅为了个人享乐。反之，我们要胸怀大志，为国为民，志存高远，行在脚下。我们也不能只有高远的志向，夸夸其谈，而不去行动。

古时候很多大官的学问并不一定非常专业，但他们知识广博、多才多艺，儒释道、琴棋书画都有所涉猎，而且能够融会贯通。这些才艺使他们有全局的观念，有整体的修养，让他们知道自己的责任究竟是什么，让他们到任何地方做官都能够造福于民。例如苏东坡，一生多次被贬，却并未因此而灰心丧气。他被贬到杭州则修苏堤，被贬到黄州则赋赤壁，被贬到儋州，即海南岛，他也能够使当地的经济文化产生天翻地覆的变化，推动了海南岛的发展。这就是中国古代读书人的胸怀和志向，这种社会的责任感，也就是匹夫之责，一直没有忘怀。虽然不得志，苏东坡还是游山玩水、吟诗作画，很乐观，很潇洒。

有知识不等于有智慧

中国的传统文化中整体性的道理"古今一也""万物一也"，似乎没有太大变化，其实它充满了变化，我们要用智慧把这个"一也"打破，把它运用到万事万物中，这才是真正的创造。很多事情不能照搬，只能借鉴，推广典型，所谓的标准化，都是不可取的。典型永远都会有局限性，不一定适用于其他地方，而标准化其实泯灭了人的个性,因为教育不只是背标准答案。我们要培养孩子的个性,让孩子在懂得做人做事的道理的同时,知晓天道人道变化的根本规律。读书要读出智慧来,不要读成知识的奴隶。

从根本上讲,读书就是要"得其意",能够举一反三。《增广贤文》中有一句话"好书不厌百回读",好的书我们读一百遍都不会厌倦。我在"好书不厌百回读"后面接了一句"精意勤求十载功",我们求得"精意",恐怕要花十年的工夫。现在读书或者做学问时,常常是把简单的问题复杂化,化简为繁常被看作是有学问的体现。其实,大道至简,真理平凡。例如,很多人学佛,就经常问怎么个学法,总觉得学佛好像很深奥,修行很神秘。我认为,修行就是把该做的事情做好。很多人喜欢到庙里打禅七,七天下来心里似乎安静许多。事实上,修行的真谛是平静地对待每天都要碰到的事情,做好自己的本分,每天都能做好日常的事情比去做一些玄妙的事情要难得多。

中国传统文化是一种智慧型文化,不是单纯地学知识的文化。知识是静止的,智慧是变动的。智慧是一种运用知识、发现知识、掌握知识的能力。

现在一般人的认识都从识开始，识的特点就是有分辨，有了分辨以后才有了这样的知识、那样的知识，结果人反而被知识拘束了。只有知识甚至可能会成为包袱，因为知识是静态的，驾驭不了知识，知识就是包袱；驾驭得了知识，知识就是财富。那么用什么来驾驭知识呢？用智慧来驾驭。近代西方人流行的一句话是"知识就是力量"，这个观点其实误导了很多人。知识本身是死的东西，不是力量，只有运用起来发挥了它的作用才是力量，用东方文化来讲，应该说"智慧才是力量"，智慧就是能够发现知识、掌握知识、运用知识。中国文化不是知识的积累，而是将知识融会贯通并运用到实际中去，是一种智慧的文化。

中国文化不是为知识而知识，而是为了更好地运用知识。智慧本身和知识不一样，从宗教的角度来讲还有一个精神性的问题，就是人心灵的需求。知识增加了并不能让你的心灵得到安宁，要有了智慧才可以。

儒家讲，学习一定要融会贯通。《论语·述而》里不是讲了吗？"举一隅不以三隅反，则不复也。"这是孔子的教育理念，若不能举一反三，就不能继续教下去。中国文化认为万物有一个共同的道理,掌握了这个道理,就可以运用到任何方面去。

通过阅读来开阔眼界、改变性情、增长智慧,成为一个更加完美的人,用古代的话来讲就是成为一个君子。《楚辞》里面有很多篇章赞美香草美人,现在的人读到美人就以为是美貌的女子,其实是指完美的人,是君子。要做一个完美的人,光读书也不行,所以《中庸》里讲既要"博学之",又要"审问之""慎思之""明辨之",最后更需要"笃行之",要落实到行动上来,知行合一,学修一致。近代学者段正元讲过这样两句话:"读书万卷,不如知道一言",读了万卷书,不如记住一句有道理的话;"著书千册,不如实行一事",写了千册书,不如做好一件有意义的事。读书要跟实践结合起来,做到知行合一。所以读书的目的是明理,不要只去记一些章句。

读书的次第和境界

读书的次第是什么?我觉得就是《中庸》中所说的:博学、审问、慎思、明辨、笃行。

什么叫博学？黄侃先生讲过一句话："所谓博学者，谓明白事理多，非记事多也。"博学是因为明白很多事理，而不是记住了很多事情。明白事理是一种智慧，中国的传统文化是一种学智慧的文化，而不是单纯的学知识的文化。知识是静止的，智慧是变动的，智慧是一种发现、掌握、运用知识的能力。

审问就是要多问为什么，要不耻下问。子曰："三人行，必有我师焉。"（《论语·述而》）我们身边永远都有值得学习的人和事，不要以自己的长处去比别人的短处，那就没有学习的必要了，我们应该时刻看到自己的不足。

慎思，即认真地思考。孔子说："君子有九思：视思明，听思聪，色思温，貌思恭，言思忠，事思敬，疑思问，忿思难，见得思义。"（《论语·季氏》）我们碰到事情就要思考，读书更要思考。

慎思然后就要明辨，分辨是非、疑惑，知道哪些事情该做，哪些事情不该做等。

笃行，即身体力行。荀子讲："知之不若行之，学至于行之而止矣。"（《荀子·儒效》）明白不如做到，学到并做到，才算达到了读书的最高境界。

我们应该读什么样的书

我们应该读什么样的书呢？中国有句老话，叫作"开卷有益"，意思是读什么书都是可以的。但是，我们最好还是要有所选择，因为我们会被书中负面的内容所干扰。书籍是五花八门、琳琅满目的，可读之书非常多。中国传统文化典籍可分为甲、乙、丙、丁四类，或者叫经、史、子、集四类。

经书可以说是具有长久生命力的经典。所谓"经者，常也"，它是讲贯穿古今、万物，认识天道、地道、人道最根本的道理，这就是经。

先秦时就提出了"六经"的概念，即《诗》《书》《礼》《易》《乐》《春秋》，经书后来又有所扩展，增加了《论语》《孟子》《孝经》《尔雅》。除了《仪礼》这部经典之外，又添加了解释礼的书《礼记》。《春秋》的记事过于简略，后来出现了解释《春秋》的《左传》《穀梁传》《公羊传》。

通过读经书，我们可以明天理，晓人道，知道应该怎样做人、做事，以及我们的言行举止应该遵守什么样的规矩。

礼即礼数,告诉人们应该遵守的言行举止方面的规矩,其根本目的就是让我们认识到自己是一个什么身份的人,这样身份的人应该遵守什么样的规矩。很多人可能听到这些就会头疼,觉得它是封建礼教的腐朽思想。我常讲,人如果想活得自由就必须要遵守规矩,如果所做的事情不符合身份,那就会四面碰壁。

通过深入的思考,就会发现我们对很多问题有偏见。一提到礼教,就会认为礼教是吃人的。"礼"的本义是什么?从某种意义上来讲,礼是一种自然法、习惯法,而不是人为的强制法,自然法是我们在生活中养成的习惯,是自觉自愿去做的,如果每个社会成员都能够尽伦尽职,这个社会一定是和谐的。尽伦尽职就是要求:在什么位置上,就应该尽这个位置上的职。可是在现实中,我们往往不能够这样去做。许多人认为,这样做是一种束缚,让自己的个性得不到发挥。

现在之所以会出现诸如"子女是否应该常回家看望父母"等一系列话题,是因为子女不关心父母。我非常赞同子女应该常回家看望父母。有些人提出:"是否需要把这一条也列入到法律条文中?"我认为,这样做未免太丢中国人的脸了,中国是一个礼仪之邦,人与人之间自然存在着敬和爱,父母爱子女,子女敬父母,这是一种自然而然的习惯,不需要用法律来强制,如果连自然法都不去遵守,我们还能称得上是中国人吗?

史,即历史,是明古今之变的。司马迁讲天下的学问无非两大类,即"究天人之际,通古今之变"。"究天人之际",是探究人跟天地万物之间的关系;"通古今之变",就是通过史学来了解人类社会的人事变动、朝代更替的经验教训。中国文化中有两个重要的传统:一个是"以史为鉴";另一个是"以天为则"。唐太宗说:"以铜为鉴,可正衣冠;以古为鉴,可知兴替。"古人强调"观今宜鉴古",要看出今天的问题,要拿历史当一面镜子照一下。

历史承载着文化,不知道自己国家的历史,也就不懂得自己的文化。一个不懂得自己国家民族文化的人,让他(她)来热爱自己的国家,对本国的传统文化有信心,这怎么可能呢?因此,清代学者龚自珍就讲了一句非常深刻的话:"欲知大道,必先为史。""灭人之国,必先去其史。"

很多人不尊重我们的祖先,不了解中华的传统文化。他们认为,社会是不断进化的,现代人进化得一定比祖先强大,这是一种直线性的进化论。历史不是直线进步的,是有进也有退。近代思想家章太炎提出"俱分进化论"理论,他认为,进化不是单向的,人们的道德观念是善恶同时发展的。古人也早就说过,"道高一尺,魔高一丈",有时恶比善进化得还快。一定要记住,无古不成今。没有古哪来今呢?

如果有"无古不成今,观今宜鉴古"的理念,就不至于把传统文化彻底地抛掉。今天的很多问题,究其原因都在于历史的断裂。很多人不知道中国传统文化中哪些是需要改造的,哪些是需要坚持的。我认为,只有坚持中国文化的人文特质,才能够让我们的文化成为世界性的文化,如果放弃了我们文化的这种特质,去跟着其他国家文化的科学特质走,中华文化的优势永远无法形成。

子书就是各种不同的学派对天道、地道、人道的认识。我们的世界本来就是丰富多彩的,人们会从不同的角度去观察、思考，也会有不同的解释，这就是我们常常讲的文化的多样性、多元性。《孟子》里有一句话是"物之不齐，物之情也"，习近平主席讲到文化多元性时曾引用过这句话。通过学习诸子百家对事物的不同看法，可以增长我们的智慧。

集部就更复杂多样了。集部里又分总集、别集、专集，读集部的书，可以长见识、养情性。文学、艺术作品等都归在集部中。集部的书，让我们从各个方面去体悟人生，可以让我们成为一个有艺术生活的人。我希望每个人多一点业余爱好，在艺术的人生里去发掘、学习人生的艺术，干巴巴的人生是总结不出人生的艺术的。

传统文化下的思维模式

我们有什么样的思维方式就决定我们怎样看待我们的人生，就直接影响我们有什么样的生活。中国人常说"人生不如意事十之八九"，如果明白这个道理就能够面对"不如意"。人生总要经历快乐的时刻，也要经历痛苦的时刻，经历一些不幸福的事情，才知道今天的幸福得来不易，才会珍惜。所以思维方式会决定我们不同的人生、生命。

中庸思维

中国传统文化强调，掌握中道，不偏不倚，看问题一定要看到事物的两面，然后以中道来加以平衡。儒家讲："中庸之为德也，其至矣乎！"

《中庸》讲："喜怒哀乐之未发，谓之中；发而皆中节，谓之和。中也者，天下之大本也；和也者，天下之达道也。致中和，天地位焉，万物育焉。""中"是在内的意思，没有表现出来；"发而皆中节"，即符合节度，就是恰如其分的意思，其达到的结果就是"和"，就是平衡、和谐。

"庸"是平常的意思，还有"用"的意思，"庸者，用也"。中庸实际上可以反过来讲，就是《中庸》讲的"执其两端，用其中于民"的"用中"的意思，强调过犹不及，要把握适当的度，把握中道。这是一个实践的原则，通过"中"这个原则，达到"和"的状态。"致中和，天地位焉，万物育焉"，名分、地位都确立了，天覆地载，天地各在其位，万物便生长繁育了。这句话是用来解释中庸以及中庸所达到的状态的。达到了中，天地定位了，万物生长了。张三丰说："夫道，中而已矣。"道就是一个"中"字，没有别的了。《道德经》讲："多言数穷，不如守中。"喜怒哀乐表现出来时要符合节度，恰到好处，也就是孔子讲的"乐而不淫，哀而不伤"。

中庸不是调和的意思，而是恰如其分的意思。比如你吃得太饱了不行，会撑得难受；同样你吃不饱，饿着也是不行的。对子女的教育也是，你放手不管不行，管得太严也不行。既不能太严也不能太慈，要做得恰如其分。掌握这个度并不容易，所以在《论语》里面，孔子感叹道，现在很少有人具备中庸这种品德了，常常爱走极端。

中庸是儒家的根本实践原则。孔子说："中庸之为德也，其至矣乎？民鲜久矣。"现在按照中庸的原则来做事情的人依然很少。很多人误认为中庸就是无原则的调和，其实中庸恰恰是讲原则，有标准的，不能过度，也不能不及。中庸不是调和各方面的意见使之适中，或哪里力量强了就往哪里去，这种调和是"德之贼"，是乡愿。也有一些人把中庸与折中主混为一谈,这也是错误的。"折中"这个概念,有其标准的含义,即判断事物的准则,司马迁说:"中国言六艺者折中于夫子,可谓至圣矣!"(《史记·孔子世家》)

太极思维

我们往往会走极端,认为这一边是这样的,那一边是与之完全相反的,如果肯定了这边,一定不会去鼓励那边,其实不能那样思考问题。

中国传统文化中,辩证看问题的思维方式,过去常被称作"朴素的辩证法"。其实也没有必要给传统的思维方式扣上"朴素"的帽子,中国传统的辩证法思想是既有原则性,又有灵活性的。我们不一定要去区分是朴素的辩证法,还是所谓的科学的辩证法,这还是对传统文化没有自信的表现。运用传统文化的智慧,其实最关键的还是要从这百余年来的习惯性思维中跳出来。尽管我们常讲"取其精华,去其糟粕",但是很多人分不清什么是精华,什么是糟粕,"精华"部分到了无能的后辈手上也会变成糟粕的,所谓"糟粕"到了有智慧的后辈手里也会变成精华的。对待传统文化不能绝对化，我们应该将其放在一定的环境中去重新认识。

儒家提出"由博返约"，魏晋玄学家指出要"超言绝象，得意忘言"。博是需要的，但得返约。如果博而不知返约，就会形成知障，停留在名相之中无法摆脱。现在很多学问是在名词概念中打转，同样的名词概念可以从不同的角度去理解，很多人的思维方式变成了非此即彼，此是彼必非。中国传统的思维方式是亦此亦彼，此中有彼，彼中有此，此可以变成彼，彼也可以变成此，因为事情本来就不是那么简单的。

人类认识的本能是非此即彼，也正是由于非此即彼，才给我们制造了种种知障和烦恼。其根源在于人的思维方式，人类认识的本能就是分别，要认识客观世界就一定要有分别，只有具有大智慧的人才会想着去超越人的感觉、思维器官的本能。要获得非此即彼的知识很容易，要获得超越分别的认识很难，只有大彻大悟的人才能把所有分别都放下。

中国的传统思维比较强调事物之间的联系，彼此关联分不开，有时候就纠缠在一起，显得有些模糊。太极图里有个阴阳鱼，一条白的，一条黑的，白的里面有个黑圈，黑的里面有个白圈，阴阳同在一个圈里，阴中有阳，阳中有阴，相互消长；阴阳互根、互动，你中有我，我中有你。量的不断变化会引起质的变化，质量不可分。宇宙间任何事物都不是绝对存在的，我们思考一切问题也不能绝对化。

自然思维

中国传统的思维方式强调自然合理。自然就是本来状态，只有符合本来状态的才是合理的，不用统一量化的标准去限定。西方近代的思维方式是科学合理，把普适性放在第一位，要普遍适用才是科学的。但是，真理恰恰是在一定的场合下才会普遍适用，离开了这个场合就不适用了。自然合理的思维方式强调个性化，适合了这个人的这种状况就是合理的，不必要适合他人。这也不是说一定哪个好哪个坏、哪个对哪个错，过分地强调个性化不对，过分地强调普适性也不对，要在它们之间找到相对的平衡点，要把握好一个度。

客观世界是很复杂的，是整体关联、动态平衡的，要达到自然合理才能相对符合事物的特性。很多人对中国传统的思维方式没有深刻的认识，也无法将其运用到实践中去，这对他们来讲是很困难的事情。他们已经不习惯传统的思维方式了，而是习惯于西方的清晰、规范、标准、普遍的思维方式。这相对来说也是比较简单的，要针对不同人想不同的办法就比较难了。

人文思维

我们现在十分推崇西方近代发展出的科学思维，而常常忘掉了人文的思维方式，这是十分遗憾的。人文的思维方式跟科学的思维方式有很大不同，它们从出发点上就不一样。科学思维是从静态出发的，或者是从具体的物出发的；而中国的人文思维，则是从人出发的，或者是从人事出发的，是动态的。

科学的思维方法适用于实验室。在实验室里面，我们可以规定好一定的环境，比如说恒温、恒湿，然后反复地去做实验。一次不通过，就做第二次，第二次不通过，还可以做第三次。而人事的活动却不同，历史是从来不会重复的，只可能有相似之处。它一直是在变动之中向前推进的，绝对无法把它隔绝开来，不可能像在实验室里那样有一个固定的工作环境并采取措施去防止偶然的因素参与进来。

所以，动态的思维方式和静态的思维方式之间有很大的差别。对于静态的，我们可以把它孤立起来，排除各种干扰，孤立地去看待这个问题；而在动态中我们不可能把它孤立起来，必须要放在整体的环境中加以考察。

人文的思维方式还有另外一个特点，那就是它具有很大的随机性。这个随机性非常重要。随机性即随意性，就是说它是处于不断的变化中的。可能现在是这个样子，突然就会变成另一种样子，我们就要马上改变自己应对的方式。

近百年来，我们受到科学思维的影响非常大，以至于我们逐渐忘了用人文的思维方式来处理人文的问题。虽然我们利用科学的思维方式研究一些人文学科，比如说文学、历史、哲学、语言等学科，获得了许多以前没有的比较清晰的研究成果，但是同时也带来了许多负面效应。因为我们把这些原来是整体性的东西割裂了，本来应该全面地去看它，结果只局限在某一个角度去看它，得到的东西自然也就不准确了。

混沌思维

其实在西方，从20世纪爱因斯坦发现相对论以后，人文的思维方式也在不断地影响着科学的思维方式。在自然科学的很多方面，原来是应用线性的思维方式，完全排除任何随机性的因素，现在有了很大的变化，引进了大量人文思维方法，也就是非线性的思维方法。

在思维的发展过程中，并不是一切都像理论推理的那么清晰，会有很多模糊的、不确定的、随时都可能发生变化的东西。这就出现了模糊逻辑，混沌的概念也被吸收到科学的思维方式中。比如说我们现在处理很多事物，用的就是一种模糊处理的办法。设计一个程序，但并不是固定的，程序本身是带有随机性、模糊性，根据具体对象的变化，它就会自动变化。

你可能听说过，现在有一种模糊控制的洗衣机，它不是按照一个固定的程序运行，而是根据你放进去的衣服的肮脏程度，自动进行一种随机的处理。我们过去有很多误解，认为中国人的思维方式是模糊的、不清晰的、笼统的，因此就是落后的，只有科学的方法才是最先进的。但是现在我们渐渐发现,人文的思维方法和科学的思维方法是互相结合、密不可分的,这不是一个谁先进谁落后的问题。

实际上,中国文化的人文思维方式是一种强调个性的思维,因为它是动态的、整体的、联系的、随机的、综合的。科学的思维方式追求的是一种普遍适用性,只有普遍有效才是科学。有人说我发明了半天,只适用一个,其他的不适用,那这个科学就不对了。而人文的考察、人文的思维方法,会更多地注意个体、个性化的东西。打一个比喻,就是一把钥匙只能开一把锁,不是说要发明一把万能钥匙,什么锁都能开。实际上,现在这两种思维方式正在不断地接近。这是我们在了解中国传统文化的人文精神时,必须要重视的一个问题。因为一种文化的思维方法,可以说决定了这种文化的发展方向。

体悟思维

儒家强调学习是为己之学,就是要通过学习来提升自己的修养,并没有把学习看成是纯粹的知识积累,而是把它看作是提升自己智慧的工具。因此,儒家非常强调在学习中体悟。"体悟"一词中的"体"本身也包括前面所讲的实践,即身体力行。在"体悟"中,儒家更强调"悟","悟"就是通过学习知识来把握事物内在的精神,并灵活地运用它。

而且在"体悟"时,儒家还非常强调对不同个体的针对性,而不是一种普遍的适用性。哪怕是可以普遍适用的东西,也要针对不同的个体进行个别的处理。这就是儒家非常重要的学习和思维的方法。

和而不同

儒家思想里面还有一个非常重要的观点就是"和而不同",实际上就是多元并存和相互包容的意思。这个世界只有多元并存,才能够互相吸取,互相推动,才有共同的发展。如果都是单一的话,没有不同的意见,没有不同的思想,可以说就没有一个前进的动力。所以,我觉得"和而不同"是儒家非常有价值的思想。"和而不同"的意义,就是多元并存。那么,多元并存就不能对一个过,对另一个不及,而是要掌握好分寸,这就是"中"。但也不是你想怎么样就能怎么样,要看时机。这个时机包括环境和条件,其实就是机遇。有了机遇，一件事情才能真正地实现；如果没有这个机遇，那你的愿望不一定能够实现。对于这一点，中国古代有一句谚语作了概括，叫"识时务者为俊杰"。这句话本来是正面的，俊杰非常能够识时务，所谓识时务就是能够把握时机。可惜后来多被用为贬义，变成投机取巧的意思了。因此，把"时""中""和"这三个思想很好地融合起来，吃透了，把握住了，我想儒家考虑问题的方法和处理问题的原则就都有了，做一个真正的儒者也就不难了。

守常明变

"守常明变"的思想，或者叫知常明变，即认识到事物都有它的原则，或者根本的规律，但是应该在特殊的情况下灵活地处理这种规律。在儒家那儿，就称之为"经"和"权"的关系。"经"的意思就是有原则、规律，"权"就是权变、灵活。比如儒家讲男女授受不亲。孟子讲，男女授受不亲是根本原则，是"经"。但是如果你的嫂子掉到井里面去了，你伸不伸手去抓她？孟子说应该伸手，这就是"权"。你不能光是守着井，让她掉下去淹死，这个时候你就要权变。

知常还要明变,即知道"经"还要用"权"。所以,儒家非常强调顺时而变,要与时偕行。

"时"这个观念,在儒家思想里面跟"中"一样,也非常重要。《周易》里面就把"时""中"这两个字放在一起讲,又把"中""和"这两个字放在一起讲,"和""中""时"三个观念就成为了一个非常完整的处理问题的原则。

无为而为

"生而不有,为而不恃,长而不宰。"就是说万物在那儿生长,但是你不据为己有;你可以做很多事,但是你并不认为自己就有多了不起;万物在那儿生长,你也不去主宰它。这样的状态就是一种无为的状态。有人把无为理解成什么都不要做,在那儿等就成了。实际上这种理解有问题,《老子》里面就有这样一句话,叫作"辅万物之自然而不敢为"。粗看之下,以为是尊重万物自然而不敢为之了。但是我们不要忘了,辅,是辅助的意思,不是不让你有所作为,但是要辅的是什么呢?万物之自然。不是让你不为,而是让你不要以自己的意志来改变它。这个"为"是以自己的意愿改变它的意思,所以这句话的意思是要去辅助万物,就是要随万物之本性而因势利导。无为的正确理解应该就是这样,老子其实也讲得很清楚。

楼老讲传统文化故事:萧规曹随

有一个成语叫作"萧规曹随",讲的是什么故事呢?我们知道汉代有两个非常著名的宰相,一个叫萧何,看过戏的都知道"萧何月下追韩信"的故事,"萧"就是指的萧何。"曹"是谁?曹参,也是一个非常著名的宰相。萧何去世以后,曹参继任宰相,他整天待在家里什么事都不干,人家说你这个宰相当得好轻松,什么事都不干。他说萧何已经定好了很多法律,我干吗还做啊?我把它们履行好就行了,这就是"萧规曹随"的来源。

"君道无为,臣道有为"是非常高明的管理思想。如果一个君主,什么事情都要自己亲自过问的话,就算是累死恐怕也做不好,反过来,如果发动所有的臣下去做,君主就掌握赏罚权,来验收、鉴定,确定是赏还是罚,那就可以很轻松地把事情管得很好,而底下做事的人也会兢兢业业地做好工作。如果君主事必躬亲，臣下什么事都要请示汇报，那么他们的主动性、积极性都不可能得到发挥。而且做事小心翼翼，不能大胆地、充分地去做，那还有什么效率？有什么创造呢？

从道家的"无为而治"到法家的"君道无为，臣道有为"，我觉得是一个非常重要的变化。正因为如此，我们可以看到，现在美国的一个智囊团——贝尔实验室，门庭上就挂着"无为"二字，而且作了一个注释，就是说要让被领导人在你的领导下没有感觉到被领导。这就是"无为而治"这一思想在实际中的应用。

肆

由艺入道，唯君子能知乐

子曰：人能弘道，非道弘人。

錄自論語衛靈公

樓宇烈 乙未秋

中国文化最根本的特征是以人为本,以人为中心。它是一种人文的文化,体现出一种人文的精神。那么,这种人文精神是怎样养成的呢?主要是通过传统的礼乐教育。

礼乐教育一方面讲的是礼,作为一种伦理的教育,体现出一种伦理的精神;另一方面是乐,作为一种艺术的教育,或者说是美育,体现出的是一种艺术的精神。之所以提出这个概念,是因为艺术精神所包含的意义比一般的艺术教育或者艺术宽泛得多,它并不是指写诗、绘画这样具体的艺术门类,而是指体现艺术追求和境界的一种精神。在某种程度上,它是超越了具体艺术的一种精神。

可以这样说,中国文化的精神有两个方面,一个是伦理的精神,一个是艺术的精神。二者相互配合,不可分割。礼是用来规范人的社会身份和社会地位的,即"别异,明分",确定每个人在社会上的责任、权利和义务。换句话说,就是建立社会秩序。而乐,按照传统的说法,是用来"统同、合群"的。社会是一个群体,用礼来把这个群分成各种不同的身份、地位、等级,明确各自不同的责任、权利、义务;同时又通过乐教来使得这个有不同等级的社会达到和谐一体。人们通过乐来表达自己的志向、情感,通过乐来交流,从而构建起和谐的人际关系。在中国文化中,礼、乐这两个方面是紧密结合在一起的。通过礼乐教化使人成为一个真正的人、合格的人、有高尚品德的人。

过去常常讲,中国历史上的文化是一种伦理的文化。这种看法有其片面性,因为他们只看到了礼教而忽略了乐教。其实在中国历史上是非常重视乐教的。古代社会看起来好像非常严肃,等级非常森严,其实它也是非常和谐的。"乐"的核心是和谐,乐教也能让我们学到礼教所要传播的很多观念。艺术很讲究相互配合,一首乐曲,一定是由各种不同的音符组成的,曲调和谐、节奏合拍才能是动听的曲子。如果一个乐班、乐团共同演奏,配合就显得更加重要了。一幅图画,构图的远近高低、墨色的干湿浓淡配合得好，才能是美丽的画。所以在艺术的实践活动中，我们可以懂得人与人之间应该怎样相处，怎样配合。因此艺术对人生的教育、修养的提升，起到了非常重要的作用。我们不要只是欣赏艺术，更要参与艺术实践，培养多方面的才艺。通过艺术的实践，我们能够更懂得如何处理好各方面的关系，所以乐教和礼教是紧密相连的。

因此，要了解中国文化，如果不了解乐教，不知道中国文化是充满艺术精神的一种文化，那么这种了解就是不够全面的。

传统文化中的"六艺"

"六艺"是什么

现在一讲到艺，只讲文艺活动、文艺创作。其实中国文化中"艺"的概念非常广泛，先秦的典籍《周礼》，以及孔子的很多言论，都讲到要以六艺来教育青少年。那么六艺指什么呢？六艺指礼、乐、射、御、书、数。

礼、乐属于基本的文艺，是指各种各样的礼仪规范、音乐、舞蹈等。

射、御，属于体育范畴，也可以叫武艺。

书，传统的解释指六书，就是中国文字起源的六个方面，即象形、指事、会意、假借、转注、形声；书，也常用来指书法。

数，在古代指数字一、二、三、四、五、六、七、八、九，以及各种各样的计算方法，也就是算术，后来发展为术数，包括天文地理等，也可以说是一种技艺。

所以礼、乐、射、御、书、数六艺，其实包含了文艺、武艺、技艺。艺的范围非常之广，包含了我们日常生活中方方面面的知识和技能。像这些艺的层面的东西，在过去都是"小学"的教学内容。当然这个"小学"跟我们现在的小学的概念不一样，《礼记》里面有一篇文章后来被单独抽出来成为四书里的一本——《大学》，大学即大人之学，相对于大人之学来讲小人之学叫小学，后来小学又有另外的解释，指文字学、音韵学、训诂学。朱熹在《大学章句·序》里面讲到，古代八岁到十五岁的孩子要学礼、乐、书、数、御、射的知识。这非常重要，从小学这些东西，习惯成自然，长大了以后遵守这些规范的行为都是自然而然的。如果长大了之后再去学这些就有点别扭了。所以艺可以说包括我们生活中的各种各样的规矩、技艺，以及各种各样看得见、摸得着、可操作的事情——这些都属于艺，如文艺中的琴、棋、书、画。

"射"是定心与反思

射是一项相当重要的体育活动，从古到今从来没有断过，只不过形式变了。古代射箭时在对面摆一个靶子，拿箭射它。因为射箭需要很大的场地，后来觉得麻烦，就变成投壶，即摆放一个花瓶，拿一把箭往里面投，现在变成了套圈。古人非常重视射，因为通过这项体育活动可以提升自身的修养。《礼记·射义》讲："进退周还必中礼。内志正，外体直，然后持弓矢审固；持弓矢审固，然后可以言中。此可以观德行矣。"要射中靶子，首先要端正身体，其次要专心一致，心无旁骛，就像《孟子》里讲的那个学下棋的人，心里总是觉得有天鹅要飞来，一心想着如何张弓搭箭去射击它，结果棋就下输了。射也是如此，站得正、心要静，才能射中。通过射箭来磨炼专一的品德。《礼记·射义》还指出："射者仁之道也。求正诸己，己正而后发；发而不中，则不怨胜己者，反求诸己而已矣。"就是说万一射不中，不要抱怨，要反思自己。在射箭这项武艺活动中培养心性、技艺，养成反求诸己、反躬自问的品德。这项品德非常重要，现在的人可以说都存在一个问题，即做什么事情都缺乏反躬自省的精神，老是怨天怨地、怨人怨事，怨气演变成最厉害的戾气。如果每个人能够自我反省一下的话，那么这个社会就会和谐得多。

以道统艺，以艺传道

艺既能够让人享受，又能伤害到人，如果应用得不好就会适得其反。现在的食物越来越丰富，吃的也越来越精细，有各种各样的食品、调料来满足人们的口腹之欲，可究竟是好还是坏呢？我们当时也许只是觉得好吃，却看不到过后对身体的损害。

《吕氏春秋·季春纪·尽数》讲到养生的要害是去害，去除什么害呢？"大甘、大酸、大苦、大辛、大咸，五者充形则生害矣。大喜、大怒、大忧、大恐、大哀，五者接神则生害矣。大寒、大热、大燥、大湿、大风、大霖、大雾，七者动精则生害矣。"如果去掉这些，我们生命就能够健康，保持和谐，生命是以和而生、以和维持生生不息的，任何的过都可能导致不对。

艺的过同样会引诱我们的眼耳鼻舌身，会给我们带来反面作用。中国文化强调艺一定要在道的统摄下，否则的话它就会走偏。艺，尤其是文艺，对人的影响极其之大。因为人都有情感，有感官的欲望，文艺作品的实质就是影响人的情绪。再具体一点说，声音对人的影响最大，现在文艺演出里什么最疯狂？音乐会！因为音乐深入人心，所以能够潜移默化、移风易俗。在相当长的一段时间里我们总是呼吁文艺要独立，要自由地发挥，不应该受到社会政治的影响。其实古人早就说过先王制乐是用来治内情的，可以防止内部情感没有方向、过分发展的状况。艺术应该是正情的，而不是重情的，所以对艺术的引导是非常重要的。它比理论的影响要大得多、快得多，也要深入得多。

在古人的眼里，作为艺的一部分的乐教会感化人的内心，所以它不是简单的感官满足。有一句话说"乐者，所以致和也，非所以为淫也。"(《淮南子·本经训》)淫就是放荡，过分地追求享乐。同时，乐是用来"合同"的，礼是用来"别异"的，这两方面必须配合好，既要有序、有距离，又要有情意。这样的精神都潜移默化地贯穿在人们的生活中，也由于乐教是感人至深的教育，因此我们用乐来配合礼，来调和人际关系。

古代的教育远远没有现在这么普遍，大概90%以上的人都不识字或者只识一点儿字，但是古代老百姓怎么都懂得做人的道理呢？他们从哪儿学来的呢？一定程度上，他们是从说唱、戏曲里面学来的。传统戏曲里的人物都是脸谱化的，白脸的一定是坏人，红脸的一定是好人，也许过于简单化，但恰恰是这样的脸谱化让人懂得了什么是好、什么是坏，什么是善、什么是恶，做人应该怎么样做。这种教化叫作高台教化。戏曲就是一种高台教化，普通的老百姓们从这种艺术里学习做人的道理，所以艺术不是简单地为了满足感官刺激的需要。这就涉及艺里面一定要有统摄它的道，即需要有指导思想或者价值观念。另外我们看戏也不要光停留在看戏的热闹上，要从中学会做人、做事的道理，所以艺都是用来陶冶性情的。

唯君子能知乐

多元艺术

中国的文化是艺术的文化。一讲到艺术的文化，我们自然而然就会想到中国有很多的艺术形式。单从文学上讲，就有汉赋、唐诗、宋词、元曲和明清小说。从音乐上讲，我们的音乐样式也是多种多样的，不但有传统艺术，还把外来的音乐、舞蹈都吸收进来，使之变得异常丰富。在众多的艺术中，一直延续下来的就有琴、棋、书、画等，如果继续上溯，还有六艺，即诗、书、礼、乐、射、御，这些都是我们艺术宝库中的精髓。

中国的艺术在世界上有着其自身的优势与价值，比如古琴和昆曲。中国的古琴是世界上流传至今的弹拨乐中最古老的一种乐器，到现在至少有三千年的历史了。中国的昆曲可以跟印度的梵剧、希腊的悲剧、日本的古典戏剧"能"相提并论，但无论是从剧本文学艺术、音乐演唱艺术，还是舞台表演艺术以及整个的戏曲理论体系来讲，昆曲较其他都更胜一筹。希腊的悲剧早已消亡，只剩下了一些文学作品；印度的梵剧只是零零散散地存在于现在的印度舞蹈中；日本能剧的历史比昆曲要早几百年，但它从剧本到唱腔，再到表演艺术理论都没有昆曲那么完整和丰富。因此，昆曲可以说是这四大戏剧中保存最完整、流传最广泛的。2001年，中国的昆曲被列入世界非物质文化遗产名录。2003年，中国的古琴也被列入世界非物质文化遗产名录。这些例子说明，中国的某些艺术在世界上已经达到了一个顶点，其价值是无法估量的。

在中国，道德教育和艺术教育的紧密结合，使得道德所追求的最高境界，实际上常常也是艺术所追求的最高境界。我们经常讲"真善美"，"真"是对知识、真理的追求，"善"是对伦理、道德的追求，"美"就是对艺术境界的追求。中国人不仅讲"天人合一"，也强调"真善美"的统一。道德的追求和艺术的追求在极致点上是完全会通、合二为一的。不仅如此，中国人还把艺术精神贯彻到日常生活之中。有人说，中国人的生活是艺术的生活。总之，中国文化中渗透了一种追求艺术境界的艺术精神，礼乐教化就是其中最重要的部分。

君子知乐

乐教从狭义来讲，就是指音乐教育。中国古代讲的音乐是把诗歌、舞蹈都包含在内的，因此音乐的内容是非常广泛的。从广义来讲，乐教指所有的艺术教育，或者美育。对于乐教，孔子曾经讲过这样一句话，"兴于诗，立于礼，成于乐"（《论语·泰伯》）。"兴于诗"，即必须从《诗经》开始，然后"立于礼"，最后"成于乐"，即通过乐来完成对一个人的培养。这就是把乐看成是人格完善的最高境界。古人之所以把音乐教育放在如此重要的地位，是因为他们认为，音乐是感人最迅速、最深刻的，音乐可以移风易俗。《礼记》里面专门有一篇文章叫《乐记》，是讲音乐的产生和音乐的社会功能。读过之后你会体会到，它不仅仅是指音乐这一门艺术，还包括了整个的艺术教育。

《乐记》首先考察了音乐是怎么产生的。它说："凡音之起，由人心生也。"就是说音乐是由人心所生的。为什么呢？它又讲了："情动于中，故形于声。"感情在心里面发动，就用声音的形式表现出来。但声音并不等于音乐，还必须"声成文，谓之音"。文，就是文饰，就是说声音经过修饰编排之后叫作音。到了音，还不是乐，必须"比音而乐之，及干戚羽旄，谓之乐"，就是要把一个个音节联系在一起，有了大小、高低、快慢的变化，这样才形成乐。乐是由音生成的，而它的根本"在人心之感于物也"。人心受到外界的感动，不管是高兴的情绪还是悲伤的情绪，都需要表达出来，喊出来。归根结底，音乐是人的感情的一种迸发。感情聚集，然后通过声表达出来，声经过修整之后变成音，音经过编排再成乐，乐就是这样产生的。《乐记》接着讲，物感人是无穷的，人们每天接触到各种各样的事物，就会产生各种各样的情感，这是很正常的。但如果一个人的好恶没有节制的话，就难免会被物化。人如果被物化了，就成了"灭天理而穷人欲"了，必须要用正确的乐来引导、节制。因此，"乐"实际上是教化民众的一种重要手段。

由此可见，中国历史上是把礼乐和刑政放在同等地位来看的。《乐记》中说："礼乐刑政，其极一也。"就是说礼乐和刑政最终的目的是完全一样的。之后又说："声音之道，与政通矣。"即声音的道理跟政教是相通的。由此，《乐记》辨明了几个层次。第一层是"知声而不知音者,禽兽是也"。如果一个人只知道声,不知道音,那就跟禽兽一样——禽兽只懂得叫喊,只会发出声音。第二层是"知音而不知乐者,众庶是也","众庶"就是一般人、普通人,普通人只知道音而不知道乐。第三层是"唯君子为能知乐",只有君子才能知道乐。《乐记》认为,礼和乐是相互配合的,并把乐提到了一个很高的位置上来强调。同时,它还认为音乐对人的感受力、震慑力是最为强大的。它讲:"故乐行而伦清,耳目聪明,血气和平,移风易俗,天下皆宁。"如果音乐教育进行得很好的话,那么人们会耳聪目明,血气也会和平,并且能移风易俗,这样天下都会达到一种安宁、和谐的状态。显然,在中国文化中,音乐绝不仅仅是为了满足人们的一种生理欲望,而是要用来使人们达到一种理想的人格。因此《乐记》说:"君子乐得其道,小人乐得其欲。"小人只是为了满足自己的一种欲求,而君子是要追求一种道。这个"道",就是一种人格的境界。

《乐记》进而指出:"以道制欲,则乐而不乱;以欲忘道,则惑而不乐。"就是说用道来克制欲望,既能给自己带来快乐,又能使社会安宁;如果只追求欲望而忘记了道,人们就会被迷惑而没有欢乐。

所以,中国传统文化更注重通过乐来引导社会风气、培养人们的情操。形式固然重要,但如果只停留在形式上面,停留在外在的东西上面,就根本不是乐的本质。《乐记》里讲到:"乐者,非谓黄钟、大吕、弦歌、干扬也。乐之末节也。"黄钟大吕是指音乐的声音,"弦歌干扬",弦歌是唱,干扬是一种舞蹈的道具。就是说乐并不是指奏响黄钟大吕,大家一起唱歌、跳舞,这些都是音乐的末节。

其实这个思想孔子也讲过:"礼云礼云,玉帛云乎哉?乐云乐云,钟鼓云乎哉?"(《论语·阳货》)礼难道就是玉帛这些被作为礼品的东西吗?乐难道就是这些钟鼓吗?这些都是乐的末节,都是外在的东西啊!真正的乐教,或者说艺术的精神,其实是通过这些东西来寻求人生最高的境界。《乐记》里面特别提到了这样一个观点,音乐的根本在于培养人的品德,培养人的德行,而不是培养人的艺事。"德成而上,艺成而下,行成而先,事成而后。"也就是说,德行是最高的、最重要的,而艺事是其次的。

中国人认为艺术不是一种竞技性的、表演性的活动。对于体育的认识也是这样，六艺"诗、书、礼、乐、射、御"中，"射""跟"御"实际上就是体育活动，但它们的本质也不是竞技性、表演性的，而是要通过这些艺术的、体育的活动来陶冶性情，来寻求人生的更高境界。

《乐记》把德行放在第一位，把艺事放在第二位。通过艺术，人们追求一个人生的根本道理。一个最高的境界，就需要由艺入道，同时要用道来统摄艺，这应该是中国乐教中一个最根本的精神。

艺术自觉的社会责任

任何艺术都不是孤立的。它不仅仅是作为艺术家个人的主体意识表达，更重要的是作为人类所共同追求的境界的表达。每个艺术家的艺术作品，都应该贯彻这种精神。从某个角度也可以说，不是为了艺术而艺术，这应该是中国传统文化中，体现艺术精神的一个最根本的原则。

在讨论这个问题的时候，有人提出中国没有艺术，因为中国传统文化过分强调艺术的社会作用，或者是政治意义，而没有艺术自己的独立性。因此近代以来，很多人都在探讨所谓艺术的自觉。艺术自觉的标志是什么呢？他们认为，艺术的自觉就是艺术能够脱离政治，只反映艺术家个人的追求，这才是一种艺术的自觉。或者是为了艺术而艺术，也就是说追求形式上的完美，而不去管它的内容对大众究竟是有利还是无利。认为只有这样，艺术才是自觉。这是一个很大的误导，现在很多的美学研究、艺术研究，都把"什么叫作艺术的自觉"作为标志性的问题。

拿中国历史来讲，很多研究者认为到了魏晋时期，中国的艺术才开始进入艺术的自觉。因为魏晋时期，强调人的个性的张扬，强调尊重自然。跟先秦两汉以来强调乐教要服从于伦理的原则，服从于治国的理念，服从于人格境界的提升相比，艺术好像完全成了一个人的自然个性的充分表露。他们认为到了魏晋时期，中国的艺术才达到了一个自觉。其实这里也有一个误区，魏晋时期确实强调人的个性，强调尊重人的自然本性，要解决人的自然本性跟整个社会礼教对他的要求，在某种程度上也可以说是对他的束缚之间的矛盾，由此产生了一股"越名教而任自然"的思潮。这一思潮最著名的代表就是"竹林七贤"，像嵇康、阮籍、刘伶、阮咸这样一批人，他们是非常强调狂放、放任的。他们大都嗜酒，最著名的就是"酒仙"刘伶，他不但用酒来解渴，还曾经做过一首诗："天生刘伶，以酒为名，一饮一斛，五斗解酲。"但这批狂放的人，是不是代表了主流呢？或者说他们的内心是不是真的狂妄？可以说不完全是这样。

如果仔细考察一下，就会发现，这批人之所以这么狂妄，在很大程度上，是为了躲避当时激烈的政治斗争，通过表面的狂妄来保护自己。并不是说，他们的内心真正就是放任的，相反，他们是非常重视礼乐规范的。譬如阮籍，他是一个非常狂放的人，但是他教育自己的儿子，决不能学习他的放荡不羁。嵇康也是非常放任的，他明确地提出"越名教而任自然"的观点，但是他也不主张完全放任自己。他在《养生论》中说，完全放任自己最后会害了自己。因此，在中国传统文化中，中国的艺术家们应该是有社会责任的，艺术必须要有鲜明的社会伦理内容。我认为，中国传统文化对于艺术的这种定位，对于艺术和人格培养之间关系的诠释，是非常重要、非常准确的。每个艺术家，都应该有一种非常明确的社会责任感和社会意识，而不能随心所欲。如果那样的话，很难讲社会风气会被引导到一个什么样的方向。这是非常可怕的。

之所以说明这个问题，是因为现代社会，在乐教方面实际上是相当放任的，对社会造成的影响也很坏。现在很多艺术家都缺乏社会责任感。因此，学习和了解中国传统文化中对于乐教，或者艺术教育、美育教育的看法，对现代人来讲非常重要。

艺以载道

美育教育的社会引导作用，是中国文化的一个重大特点。在西方文化中，是通过宗教来进行道德教化和艺术教化的。西方艺术中，百分之九十都是宗教艺术。在西方，礼乐的教化大都是通过宗教来进行的。中国没有像西方那样的宗教形式。如果我们抽掉关于做人的道理和人际关系这方面的教化，而仅仅去学习西方近现代以来的所谓张扬个性的表达，我们就失去了自己的根本。

在根本问题上，西方的宗教所规定的伦理道德是根深蒂固的，它就是西方的道德防线。除去现象上个性张扬的表达之外，西方还有非常传统、非常深入的宗教教化。而中国如果把自己的礼乐教化抛弃了，去学习西方的张扬、放任,但又没有西方的那种宗教教化,那么就失去了自己的道德防线。这是一个非常严峻的问题。

而中国的许多艺术,就曾经在这个方面起了很大的作用。譬如,在以前的中国社会中,知识分子是非常少的,最初只有王公贵族的子弟才能进学堂,绝大多数的老百姓都是没有受过教育的,都是文盲。但这些占人口绝大多数的文盲,却都懂得做人的道理。这些道理从何而来呢?其实就是通过艺术的教化。说书、演戏等,都教给了他们做人的道理。尽管不识字,但他们对于做人的道理可能比那些识很多字,有很高文化的人,把握得还要准确。这是在民众中间。在知识分子中间呢?当时非常强调艺术的修养。在艺术修养中,作为作者来讲,要寄托他的志向,寄托他的一种人格或对人生境界的追求。而作为读者来讲,也要从这些作品里去体会生活的意义、人生的价值。

对于好的诗篇和散文,人们常常会评价说"脍炙人口"。就是因为它们不仅辞章华美,更重要的是寓意深刻。宋代有一位学者周敦颐,就是周濂溪,写过一篇很短的作品叫《爱莲说》:

水陆草木之花，可爱者甚蕃。晋陶渊明独爱菊；自李唐来，世人甚爱牡丹；予独爱莲之出淤泥而不染，濯清涟而不妖，中通外直，不蔓不枝，香远益清，亭亭净植，可远观而不可亵玩焉。

予谓菊，花之隐逸者也；牡丹，花之富贵者也；莲，花之君子者也。噫！菊之爱，陶后鲜有闻；莲之爱，同予者何人？牡丹之爱，宜乎众矣！

这篇作品很短，但其中的寓意是非常深刻的。"水陆草木之花，可爱者甚蕃"，就是说人们喜欢的水里、陆地上的草木花朵，是非常多的。东晋的陶渊明最喜欢菊花，从他的诗句中就可以看到，他写的"采菊东篱下，悠然见南山"，就有很美的意境。而自李唐以来，人们大都喜欢牡丹花，因为牡丹花代表富贵。周敦颐却说他自己唯独喜欢莲花，原因是莲花出自污泥却不曾被污染，在清水之中也不显得妖艳。虽然里面是空心的，外面却是笔直的。不蔓不枝，香气还传得很远。亭亭玉立地洁净地站在那儿，只可以远远地欣赏它，而不能随便将其拿在手里把玩。他说，菊花是花中隐士，陶渊明是隐逸者，所以他喜欢菊花；牡丹是花中代表富贵的花，因此受到大多数人的青睐；而莲花是花中的君子。最后周濂溪感叹说：在陶渊明之后，很少听说有人喜爱菊花，跟我一样喜欢莲花的还有什么人呢？也很少了；而大家都很喜欢牡丹，就是因为世人大多数是喜爱富贵的。通过对三种花的比较，他就突出了三种花的品格，更凸现了喜爱这三种花的人的不同追求。

在中国古代的散文中，有一篇《岳阳楼记》，应该是为大多数人所熟知的。范仲淹在《岳阳楼记》中发出的"先天之下忧而忧，后天下之乐而乐"的慨叹，成为流传至今的名句。这样的名句，不仅辞藻优美，而且含义深刻。对联里也有这样的例子。如"未出土时就有节，及凌云处尚虚心"，描写的是竹子，非常贴切。没有出土的时候就已经有了节，当它长得很高的时候，几乎要接近云的高度了，中间还是空心的。表面上是描写竹子，实际上从里面能体会到一种非常重要的人的品格。人就应该像竹子一样，要有节操，而且就算到了再高的地位，也还要虚心，要谦逊有礼。

艺术精神就是这样体现在中国文化中，它引导人们向善、向上。因为在艺术精神中包含着这样的社会责任,所以它必须要载道。艺术不只是一个为了满足欲望的东西,更重要的是,它是用来教化民众、和谐社会、休养生息、陶冶性情的。因此人们不能玩物丧志,不应该好恶无节,而应当通过艺术的修养,通过文以载道,以道来统艺,来提升欣赏的趣味、审美的境界,进而体悟生命的意义和人生的价值。

只可意会不可言传

得意忘形

中国艺术的特征是非常强调艺术的社会功能,这是从艺术跟它的社会功能的关系来讲。从艺术本身的特征来讲,应该说中国艺术更强调表意,而不强调形式。孔子讲过:"礼云礼云,玉帛云乎哉?乐云乐云,钟鼓云乎哉?"不是说光敲敲钟,打打鼓就是音乐了,要强调的是音乐的内容。这种注重表意的特点从魏晋南北朝时期,就得到了理论上的支持。这个理论上的支撑来源于玄学家,他们是在解释《周易》的时候归纳总结出来的。我已经多次讲过,两汉注重《周易》的象数,而魏晋玄学注重《周易》的义理。

魏晋时期著名的玄学家王弼提出一个很重要的命题——得意忘言。他说：

> 夫象者，出意者也。言者，明象者也。尽意莫若象，尽象莫若言。言生于象，故可寻言以观象。象生于意，故可寻象以观意。意以象尽，象以言著。故言者所以明象，得象而忘言。象者所以存意，得意而忘象……是故存言者，非得象者也；存象者，非得意者也。象生于意而存象焉，则所存者乃非其象也。言生于象而存言焉，则所存者乃非其言也。然则忘象者，乃得意者也；忘言者，乃得象者也。得意在忘象，得象在忘言。故立象以尽意，而象可忘也。重画以尽情，而画可忘也。(《周易略例·明象》)

卦象也好，象辞、卦辞也好，爻辞也好，都只是表意的工具。人们的根本目的是要去掌握意，而不是停留在象和言之上。所以他说，我们的目的是得意，得了意以后，可以忘言，也可以忘象。只有真正忘掉象和言，才能得到意。

言外之意

言外之意也是庄子非常重要的一个思想。玄学是以周易老庄作为他们最基本的依据的。《庄子》里面就讲到了工具和目标的关系问题,有这样的比喻,叫作"筌和蹄"跟"鱼和兔"的关系问题。

> 筌者所以在鱼,得鱼而忘筌;蹄者所以在兔,得兔而忘蹄;言者所以在意,得意而忘言。吾安得夫忘言之人而与之言哉!(《庄子·外物》)

渔网叫筌,用渔网的目的是为了捕到鱼;夹野兽的夹子叫作蹄,蹄的目的是为了夹到兔子。如果抓到了鱼,网可以放在一边了;如果夹住兔子,蹄也可以放在一边了。如果不专心去捕兔子和鱼,一天到晚关心蹄和网,那就既得不到兔子也得不到鱼。所以,庄子说得鱼而忘筌,得兔而忘蹄。

王弼也用庄子的这个观点来解释言、象、意三者之间关系:"故言者,所以明象,得象而忘言;象者,所以存意,得意而忘象。犹蹄者所以在兔,得兔而忘蹄；筌者所以在鱼，得鱼而忘筌也。"这就形成了中国思想里面，强调获得意义是第一位的特点。而获得意义并不是一定的，它是可以根据每个人的体会去把握的。

得意忘言在汉代的时候也提到了，董仲舒讲过一句很有名的话："《诗》无达诂，《易》无达占，《春秋》无达辞。"(《春秋繁露·精华》)《诗》指的就是《诗经》；达，通达，指大家共同认识；诂，训诂，就是字的意义。"《诗》无达诂"就是讲《诗经》没有一个确定的共同的解释。也就是说，《诗经》是可以由每个人自己去体会的。《诗经》的六艺指"风、雅、颂、赋、比、兴"，比，就是比喻，个人可以通过它来进行各种诠释。譬如，"关关雎鸠，在河之洲，窈窕淑女，君子好逑。"(《诗经·国风》)有人认为这是比喻男女之间的爱情，而理学家并不这样看，他们认为这不是简单的男女爱情，还蕴含着"后妃之德"。这种"诗无达诂"的精神就等于得意忘言。把握一个意思，不能只停留在语言上，这就形成了中国艺术非常重要的一个特点——文以载道。就是说创作者一定要在他的作品里面，寄托他个人的一种志向、一种追求、一种理念或者理想。欣赏者也可以通过作品，体会到自己想要体会的那种东西。而这个东西，并不一定要还原到作者原先想要寄托的那个意思，也就是说这不是一个单纯的考据问题，而是一个体悟问题。因此就中国艺术来讲，创作者有创作，欣赏者同时还有创作。其实，现在人们对于很多东西的理解，可能都已经完全离开了它原来所要表达的意思。

举个最简单的例子，王之涣的《登鹳雀楼》：

白日依山尽，黄河入海流。
欲穷千里目，更上一层楼。

从诗本身来讲，它所要表达的意思是非常清楚的，就是一个实时实地的描述，在鹳雀楼上可以看到黄河向东流去，可以看到太阳渐渐落下，想看得更远，就上得再高一点，这就是"欲穷千里目，更上一层楼"。王之涣在写这首诗的时候，应该说是即景而生的。但后来人欣赏，就可以完全脱离那个即景，把里面的"意"抽出来。特别是后两句"欲穷千里目，更上一层楼",有鼓励人向前的意思,已经不是面对夕阳、登楼观赏的那个现实了。这就是由后来的欣赏者发挥出来的意义。

艺术到了高妙之处是无法言谈的

中国艺术中,一个非常重要的特色就是创作者和欣赏者的双重创作,强调内涵,而不是看重外在形式。创作是以立意、传神、韵味、吸引、生动作为最高标准的。如果只是形似,不能够传神的话,那就不是上品。而欣赏要得意、会心、体悟、回味无穷。如果只是看一看这幅画表面上像或不像,就没有意义。

苏轼曾经讲过:"论画以形似,见与儿童邻。赋诗必此诗,定知非诗人。"(《书鄢陵王主簿所画折枝二首》)这就是中国艺术的特点。要谈论画,不能从外形、外表来看它像不像某个东西。如果只追求外在的形似,就跟孩子的见识一样了。如果是一首诗,它一定表达了什么东西。如果没有在里面体会到别的更深层次的意思,领会不到言外之意的话,那么这个欣赏者一定是不懂诗的人。苏轼的话很有代表性。欧阳修也说过类似的话:"古画画意不画形,梅诗咏物无隐情。忘形得意知者寡,不若见诗如见画。"(《盘车图诗》)他非常感叹,说"忘形得意知者寡",通过忘掉形而得到意,懂得这个道理的人太少了。

艺术到了高妙之处是无法言谈的,完全靠个人的体悟。西方人说中国人神秘,为什么神秘?说不出原因,只能靠自己去体会。欧阳修还有一个后记,是写给当时他一个很要好的朋友、诗人梅圣俞的诗稿,他讲到了该怎么样去欣赏梅圣俞的诗。

> 乐之道深矣,故工之善者,必得于心,应于手,而不可述之言也。听之善,亦必得于心而会于意,不可得而言也。(《书梅圣俞稿后》)

他在这里用音乐比喻诗,从创作者和欣赏者两个角度来讨论。他说乐的道理是非常深刻的,善于演奏的人,一定是得于心而且应于手的,没法用语言来讲述,这是从创作者的角度来讲。从欣赏者的角度又是怎样的呢?他说善于听乐的人也一定是得于心而会于意,能够领会它的意义,这也是无法言说的。

不管创作者也好,欣赏者也好,讲究的是心灵的沟通。一个是得于心而应于手,一个是得于心而会于意,都不是可以用语言来表达的。这些东西跟西方的艺术理论或者原则,有着鲜明的不同之处。

士无故不撤琴

中国传统文化始终有一种体悟的精神贯彻在艺术的各个方面。譬如古琴,它是礼乐教化中有标志性和代表性的一种乐器。在《礼记·曲礼》里面就讲到:"士无故不彻琴瑟。"士人不能随随便便地撤掉琴或者瑟,因为琴或者瑟不仅仅是外在的表象。

陶渊明在墙上挂了一张无弦琴,为什么呢?他有这样一种观念:"但识琴中趣,何劳弦上声。"(《晋书·列传第六十四》)只要能够把握琴中的意趣,又何必非要弹出声音来呢?很多东西是需要个人来体会,并在体会中把握的。中国文人强调琴棋书画,在这四者中,琴是排在第一位的。为什么琴这么重要?它到底有什么作用呢?

东汉的时候有一部文献叫作《白虎通义》,简称

《白虎通》。它是东汉时期汉章帝召集的一次会议的记录，是把儒家的一些治国和人生修养的理念规范化、制度化的一部文献。这部文献对各种各样的社会关系都有规范，对礼乐教化的功能也有说明。它讲到琴的时候就说："琴者，禁也。"禁人邪恶，归于正道，故谓之琴。琴就是禁、禁止。它能禁止人的邪念，使其归于正道。这应该是中国古代对于琴的作用的一个基本认识，也是一个共同的认识。

汉代有一位著名的学者叫蔡邕，即蔡伯喈，他写的《琴操》里面也是这样讲的："昔伏羲氏作琴，所以御邪僻，防心淫，以修身理性，反其天真也。""反其天真"用佛教的话来说，就是回到它的本来面貌，也就是说琴是用来恢复人的自然本性，防止其流于邪淫的，是用来修身理性的。一直到近代，对于琴的基本认识都是这样。同样的，其他的音乐形式也都起这样的作用。

依于仁，游于艺

中国的艺术非常重视效法自然，不仅仅是效法自然界多姿多彩的山水草木,更多的是效法自然界所呈现出来的那种本然的状态,因此自己内心对于人生和生命的体验就更加强烈了。

要做好一门艺术,首先要做好一个人。北宋有一位著名的画论作者叫郭若虚,他在著作《图画见闻志》里就讲到:"窃观自古奇迹,多是轩冕才贤,岩穴上士。依仁游艺,探赜钩深,高雅之情,一寄于画。人品既已高矣,气韵不得不高;气韵既已高矣,生动不得不至。所谓神之又神,而能精焉。"他说我们看古代各种各样的画,创作者都是一时的才俊,或者隐居在山林里的高士,而且这些人都是"依仁游艺"的。什么叫"依仁游艺"呢?这个说法来源于《论语》:"志于道,据于德,依于仁,游于艺。"(《论语·述而》)就是说我们首先要向天道学习,树立一个向天道学习的志向。接着"据于德","德"的意思就是得到,天的本性是天道,从天道那里得到每个事物具体的本性,就叫作"德"。"道"是一个总体的、自然的本性;"德"则是每个具体事物的本性。"依于仁",就是要建立起一个道德的自觉。最后才能"游于艺",即从事种种的艺术行为。

中国古代的"艺",不是我们现在理解的狭义的艺术。古代的"艺"包括所有的技艺在内,指艺事。"道"和"艺"是相对的,"道"讲的是总的原则,"艺"是讲每一件具体的事情。"游于艺"指的就是你所从事的所有事情。而在这之前,你必须"志于道、据于德、依于仁。"郭若虚在这里强调,不管是社会的才俊,还是远离社会的隐士,都是"依仁游艺"的,都是"探赜钩深"的。所谓"探赜钩深"就是探求宇宙自然的道理,探求人生的道理。他们把这种高雅之情,"一寄于画",寄托在画上。他讲:"人品既已高矣,气韵不得不高;气韵既已高矣,生动不得不至。"怎样才能气韵生动?首先看人品。人品已经很高了,气韵就会随之增高;气韵既然也已经高了,生动自然就到了。所以气韵生动不是光靠你的技术就可以得来的,而是要看你的人品修养,也就是欧阳修讲的"得于心"。得于心才能够应于手,人品是最重要的。

近代一位著名的画家陈衡恪,在讲到文人画的时候,就指出了文人画的特质。他说,文人画有四个要素——人品、学问、才情和思想。具此四者,乃能完善……不在画里考究艺术上的功夫，必须在画外看出许多文人之感情。这就是中国的艺术，不是把技巧、技术放在第一位，而是把作者的人品、见地、思想、学问放在第一位；并非从画中考究艺术上的功夫，而是必须在画外看出许多意义来。中国艺术的这些特点跟它所强调的艺术的社会功能，是直接联系在一起的，而且从理论上也得到了"得意忘言"这种思维方法的支撑。

中国的传统艺术深刻地传达了中国文化的一种精神境界和生活情趣，这不仅仅是艺术和社会的关系，也包括艺术自身的特点。通过艺术教育懂得做人、做事的道理，才能去体会人生，体验生命。中国的艺术强调经营布置。所谓的经营，就是要把各种关系处理好，有无虚实、刚柔动静、远近疏密、轻重浓淡、高低缓急等都要处理好。不要以为把画布画满才漂亮，有的时候空着恰恰是最好的。像白居易的《琵琶行》写到的"别有幽愁暗恨生，此时无声胜有声"，没有声音其实也是一个音节，更有别样的效果。

清代一位画家，叫汤贻汾，他在一篇画论里讲："人但知有画处是画，不知无画处皆画。画之空处，全局所关，即虚实相生法。"(《画筌析览》)人只知道有画的地方是画，不知道没画的地方处处都是画。往往画中空的地方才是全局关键的地方，也就是虚实相生。把所有的格局、虚实、浓淡都布置得当，达到和谐，才是好的艺术。通过这些艺术思想，可以体会到很多做人、做事的道理。因此艺术的修养，不仅能使一个人懂得艺术，更重要的是能使其成为一个更具智慧的人。

通过一个人的艺术欣赏趣味，往往可以看出他人品的高下，做事能力的高低。中国艺术的方方面面，都体现了中国文化最根本的人文精神，礼乐教化的精神。这些都集中反映了中国人的生活情趣和对精神境界的追求。现在整个文化氛围发生了变化，要懂得中国文化的精神，直接由道入手是比较困难的。因为道都是一些比较抽象的道理，很难理解，而由艺入手就比较容易。很多人都喜欢欣赏中国的古典诗词。但我们读诗的时候，不要仅仅停留在诗的本身，还要看一些诗论、词话来弄明白，为什么中国的诗词是这样表达的。这对我们了解中国文化的艺术精神是十分有帮助的。

楼老讲传统文化故事：一闻千悟

言外之意、得意忘言的思想，可以说体现在了各个方面。譬如读书，书读得多并不代表这个人一定聪明，还要看他是否能从书本里跳出来。得意忘言，就是要求不但要进得去，更重要的是出得来，只有这样才能把握书本内在的精神和要点。

中国人这种强调不能停留在文字上的思维方式，跟西方的思维方式有很大的不同。西方的分析哲学、语言哲学，都是在文字上面下工夫、通过文字来分析的。而中国恰恰要求个人透过文字去把握内在的意义、要领或者精神。禅宗六祖惠能为法达说《法华经》的故事，说明的就是这一点。

当时一位叫法达的禅师，自小开始诵读《法华经》，却始终不能参透其中的要领。参见六祖惠能时，"念《法华经》已及三千部"。惠能大师指出其犯了"但依文诵念，岂知宗趣"的过失，并作一偈，其中说："心迷法华转，心悟转法华。诵经久不明，与义作仇家。"惠能大师说，你虽然诵了三十年《法华经》，但不得要领，是被《法华经》转了，你应当转《法华经》，不要被它的文字所束缚，要通过字面去把握它的根本精神。法达一听，恍然大悟,以偈赞颂说:"经诵三千部,曹溪一句亡。未明出世旨,宁歇累生狂?"从此领悟了《法华经》与禅宗的精髓,不再胶着于文句,同时"亦不辍诵经"。

正是因为有这样的一种思想,中国的艺术品,才能够反复去欣赏、去体会,领悟其中的道理。同样是一幅画,用不同的心情去欣赏,会有不同的体会;不同年龄的人去欣赏,又会有各自不同的体验。因此,艺术的生命力是恒久的。中国的这种艺术精神,使得每一件真正的艺术品的生命得以永恒,可以随时随地给欣赏者一个新的体验,实际上也就是一个重新创作的机会。

问:对孩子上艺术课外班怎么看?

在人生修养或者文化修养中,不仅要有伦理的修养,而且一定要包含艺术的修养。艺术教育是素质教育中最重要的一个部分,但现在的艺术教育,特别是那种课余的艺术教育,可以说基本上都是一种功利性的教育。很多的家长让小孩去学习弹琴也好,唱歌也好,跳舞也好,大都只是为了将来孩子考大学的时候能够享受到特长生的优惠政策,或者是为了将来成为一个明星。这完全违背了中国艺术教育的宗旨,可以说是对艺术的一个最大的侮辱!

在这样的情况下,艺术不仅不能起到陶冶孩子的性情、体悟人生的作用,反而会助长、滋生他们的功利心。因此,在今天如何发扬中国传统文化中的艺术精神、正确把握中国艺术精神的内涵,成为了一个迫切需要解决的问题。

现在的很多人都在讲原创性。其实离开传统的创新是不能长久存活的。中国传统文化中有很多东西值得我们不断去阐释、欣赏。如果离开传统这片土壤,根本不会长出创造的新芽。佛教《百喻经》里讲的一个故事很能说明这个问题。

这个故事说,有一个人家盖了一栋三层的楼,非常漂亮,越到上面越漂亮。有一个人看到这么漂亮,他也去请工人来做。他说,我看到最漂亮的是第三层,一、二层不要,你光给我盖第三层就行了。于是工人就问他,没有第一、二层,可能造第三层吗?不可能的。"空中楼阁"这个成语就来源于这个典故。是啊,离开下面的基础,怎么会有上面漂亮的楼层呢?如果我们抛弃了中国文化中的这些传统,不但得不到第三层楼阁,中国艺术也会因此而消亡。

伍

正名与规矩

博學之，審問之，慎思之，明辨之，篤行之。

錄自中庸

樓宇烈 乙未秋

所谓的"礼",它的作用在什么地方?"礼别异",就是通过礼,让我们认识到人与人之间的不同状态及区别。人与人是平等的,但不等于人与人的身份是一样的。我们要通过礼来认识不同的身份,并给这种身份正名,也就是命名,所以礼教也叫名教。礼治的落脚点是"定分止争",定了位,正了名,也就是规定了责任和义务,也相应赋予了权利。

相比于西方文化,中国的传统文化更强调职责,强调尽伦尽职,礼教的精神就是告诉人们在某个地方、场合、时间之下是什么身份,然后根据身份去规范言行举止,尽职尽责。

生为父母者应该承担父母的职责,就得生而养、养而教;"父慈子孝",为人子女者应该承担子女的职责,对应的责任就是孝(还包括顺、敬等),就要尊老、敬老、顺老、养老。父母养育子女,子女孝敬父母,是一个自然的过程。魏晋玄学家王弼对"孝"的定义最为妥帖:"自然亲爱为孝"(《论语释疑》)。孝是一种自然亲爱的伦理。

明确身份

儒家的五种人际关系——君臣、父子、夫妇、长幼、朋友,基本上是依据自然关系提出来的。君臣关系,似乎是一个人为造成的规矩,其实也是一种自然的社会关系。一个有组织的群体社会一定会有分工,分工就要有领导和被领导的关系。

中国始终重视父子关系,父母子女的关系是最私人的关系,恰恰包含着最无私的精神。父母对子女永远是无私奉献的,子女对父母也是无条件地孝敬,这种自然关系是自然而然的、是合情理的。因此,中国人努力把其他关系也转换成如同父子那样的自然关系,君臣关系、官吏和民众的关系,都是如此。

中国的礼乐教化就是一种自然法、习惯法,强调因自然关系形成的行为规范。在先秦时期,道家崇尚自然、道德,儒家崇尚人为规范、仁义,双方互相批评。关于道德，中国很早就有朴素的解释，"道者，路也"，此为万物所共由也。万物皆有其德，即它自己的本性，所谓"德者，得也"。最初的"道""德"这两个概念是形容自然状态的。到了魏晋以后，通过玄学家的努力，才把道德和仁义连接在一起，用来强调名教即自然。因此后来"道德仁义"变成一个东西，而且"道德"几乎就是"仁义"的含义，没有自然天性的含义了。但是把这两者联系起来并不是用此抹杀彼，而是强调仁义这种人为的道德一定要建立在自然的道德的基础之上，也就是要建立在人的天性之上。

礼里面的父子关系是天然的，父慈子孝，所以魏晋玄学家王弼说"自然亲爱为孝，推爱及物为仁也"（《论语释疑》）。儒家进一步把它发挥出来，父慈子孝是合乎天性的，依据这种天性形成的习惯法、自然法就是礼教。把礼教与法治对立起来，是既不懂礼教也不懂法治。法治里面有习惯法、自然法、人为法。我们首先要尊重习惯法、自然法，然后用人为法来固定、补充。如果把自然法、习惯法都抛掉了，父不慈子不孝，社会的风气就乱了，所以不能只依靠人为法。中国文化讲究"化民成俗"，通过教化在社会上形成根深蒂固的风俗习惯，而良好的风俗承担了部分法律的功能，并发挥了法律所不具备的作用。什么都要用法律来管理，是管不过来的，还要靠人们道德的自觉，形成一个良好的社会风尚。如果人人是坦荡君子，是谦谦君子，那么这个社会就互相谦让，互相尊敬，互相守信。社会不可能没有不正之风，也不可能没有负能量，整个社会永远处在一个正负之间的平衡中。

传统的礼仪内容讲的是"礼始于冠，本于昏，重于丧祭，尊于朝聘，和于乡射"，这可以说概括了礼的方方面面的内容。首先这个"冠"，是指冠礼，就是成年礼。这个成年礼是非常有意义的。男子二十而冠，女子十五及笄，及笄也同样是一种成年礼。成年礼的意义在于，人开始作为一个独立的人，所以"礼始于冠"，冠礼就是一个独立的人的树立。

婚礼是中国礼制的根本，人类通过婚姻的结合自我延续。个体生命有开始，也有结束，结束了以后，就通过下一代来延续。每一个体在种群中，是上下结合、承前启后的，形成了一种群体的、连续的生命观。生命观是最为根本的，很多价值观念都来源于生命观。

"重于丧祭"，子女要为父母守丧三年，是为报答父母养育之恩。因为父母养育儿女，等待儿女有相对独立的活动能力，正好需要三年左右的时间。礼仪是千变万化的，过去守丧三年，现在不需要了。可以在家里设一个牌位；也不一定要天天祭祀，每逢初一、十五去祭祀一下，也是可以的。然而现在社会上这种氛围越来越淡薄了。

祭礼是针对过去的先人，从祖父母一直往上追溯到整个家族，甚至还要上推至天地日月星辰。曾子总结这种精神的社会功效时说："慎终追远，民德归厚矣。"（《论语·学而》）慎终，就是对死亡的慎重对待；祭是追远，追溯生命的源头。如果社会上人人都有慎终追远这种意识，那么民风是非常淳朴醇厚的。

自我管理

礼实际上就是自我的管理与完善。人文体现在教化上——让每个人懂得自己的身份以及相应的责任和义务。人类要管住自己，不仅要在人与社会的关系中管住自己，也要在人与自然的关系中管住自己。

中国文化的根本精神就是人的自我管理、自我约束、自我完善、自我超越。从认识自己到约束自己，是由自觉提升到自律，中国人不是靠外在的力量管束自己，而是靠自己的觉悟。

中国的儒、佛、道三教都有这样的特点。儒家要慎行，要靠自己的智慧和德行。道家要成为仙人，即能够保持最纯朴的本性。佛教的佛陀就是觉悟了的人，即明白了人生的道理，超越生死轮回，能够放下。也只有这样，我们才能处理好自己的身心关系，处理好人与人之间的关系，处理好人与天地万物的关系。如果人类不能自我约束，自以为是，藐视一切，想怎么样就怎么样，那么人类的生存环境将变成无法生存的环境。

人类不仅需要自我管理、自我节制，还需要把这种管理与节制扩之于万物中。现在人们已经意识到"生态伦理"的重要性了；同样地，人们也应该重视并建立"科技伦理"。

什么是"科技伦理"？就是在人有能力去做的时候，还要考虑该不该做。要更多地考虑到人类跟万物的关系，考虑到子孙万代的事情，考虑到能不能可持续发展。这是一个人的自我认识问题，也是一个科技伦理的问题。人类要树立这种自觉性，也需要发扬中国文化的自觉自律精神。对于中国礼教的政治功能，法国启蒙运动的思想家孟德斯鸠在《论法的精神》第三卷里有一段话：

> 我们现在可以看到，在表面上似乎是最无关紧要的东西却可能和中国的基本政制有关系。这个帝国的构成，是以治家的思想为基础的。如果你削减亲权，甚至只是删除对亲权表示尊重的礼仪的话，那就等于削减人们对于视同父母的官吏的尊敬了，因此，官吏也就不能爱护老百姓了，而官吏本来是应该把老百姓看作像子女一样的；这样一来，君主和臣民之间所存在着的爱的关系也将逐渐消失。只要削减掉这些习惯的一种，你便动摇了国家。
>
> 一个儿媳妇是否每天早晨为婆婆尽这个或那个义务，这事的本身是无关紧要的。但是如果我们想到，这些日常的习惯不断地唤起一种必须铭刻在人们心中的感情，而且正是因为人人都具有这种感情才构成了这一帝国的统治精神，那么我

们便将了解，这一个或那一个特殊的义务是有履行的必要的。

读完这段话，我们再来看中国礼教的政治功能强调人的自我管理，尊重天地也是为了人的自我管理。中国文化的人文精神尤其强调自觉自律，向内进行自我管理——不仅要管住行为感官，更要管住心。西方文化是一种向外的、他律的文化，希望上帝来管住心，然后用法律来管住行为。这两种文化形态不太一样，所以西方文化重视法治，而中国文化强调礼治。

重视"规矩"

"规"是中国传统汉字中很重要的一个字。"规"本来是圆的意思。《楚辞·离骚》中说："固时俗之工巧兮，偭规矩而改错。"汉代的王逸在《楚辞章句》中对"规矩"的解释是："圆曰规，方曰矩。"《孟子·离娄上》说："不以规矩，不能成方圆。"做什么事情都要有一定的规矩，遵循一定的规律。《韩非子·解老》里讲"万物莫不有规矩"，万事万物都有其准则法度。中国传统文化非常重视规矩,并且这个规矩不是僵化的,而是因时因地而异的。这就引申出中国文化中一个非常重要的理念——"中道"或者说"中庸"。"中道""中庸"的"中"其实就是一个标准,也就是规和矩,古语叫"中规中矩"。中国人把代表"规矩"的这个"中"看得非常重要。《中庸》里讲"中也者,天下之大本也",尧传给舜有四个字"允执厥中","厥"就是"其","允执厥中"就是要诚恳地秉执其中正之道。舜在此基础上又加了十二个字传给禹,变成"人心惟危,道心惟微,惟精惟一,允执厥中"(《尚书·大禹谟》),也称为"十六字心传",被宋代儒家视为中国道统传承的心法。由此可见,"中"是中国文化中一个非常根本的理念,做什么事情都要掌握这个"中",掌握规矩。但是这个"中"不是僵化的、教条的,它一定要根据时间、地点、条件的变化而变化。所以,这个"中"前面可以加一个"时"字,称为"时中",就是要与时偕行。这个"时"并不单单指时间,我们传统的"时"还有空间的含义,也就是包括了时间和空间两个方面。另外,"中"就是"执其两端用其中","中"离不开两端,指的是两端之"中"。所以,看问题不能只看一面,既要看到这面,也要看到那面;此外还不能过,也不能不及,不能偏于这面,也不能偏于那面,否则会失去平衡,所以做什么事情既要掌握标准也要恰如其分。

规矩是限制人的,但又不是限制人的,所以孔子说自己"七十而从心所欲,不逾矩"(《论语·为政》),就是说等到他七十岁的时候,他再随心所欲也不会超越规矩了。规矩可以是外在的、强制性的他律,也可以是发自内心的自律。中国文化更强调自律,自律是首要的,他律是其次的,不能颠倒过来。

礼的根本

世上之情,大要有三:曰亲情,曰友情,曰爱情。今日青年喜谈爱情,高唱爱情至上,爱情永恒。为了爱情,甚至可以抛弃亲情,断绝友情。孰知此三情中,亲情与友情都是至上的、永恒的,唯爱情却是一时的、变动的。爱情结果,成为夫妻,从此爱情转为亲情。爱情未能结果,则应转为友情。婚姻意味着相守,而不是离异。以所谓爱情为借口的夫妻离异，是对亲情责任的推卸。

在古代，天地是最高德行的象征。孔庙里面赞扬孔子"德侔天地，道冠古今""天无私覆，地无私载"（《礼记·孔子闲居》）。天地生万物都是自然的，不以占有万物为目的。中国的学问始终都强调自身修养的不断完善，自身德行的不断提升。

儒家强调"礼有三本"，即天地、先祖、君师，要求我们不忘本，懂得感恩。天地、祖先生育了我们，国家和老师教育了我们，我们要报本反始，心怀敬畏，尊师重道，对双亲要孝，对兄长要悌，对国家要忠，这就是家庭教育的核心。同时，这三个"本"还构成了中国传统信仰的主要对象，即天地君亲师。所以，中国人做什么事情都会考虑到一个整体的生命观念，既要对得起祖先，又要对得起子孙。祖先虽然不在了，但是我们要事死如事生，按照规定祭拜，这是涵养敬畏之心的重要方式。所谓"明则有礼乐，幽则有鬼神"，一明一暗，相得益彰，共同维持着世道人心。

礼仪的根本精神主要体现在两个方面：一是本，二是敬。礼有三本："天地者，生之本也；先祖者，类之本也；君师者，治之本也。"(《荀子·礼论》)现在没有君了，可以理解为国家；师，是师长、老师；治，就是治理，治理自己，进而治理国家。礼仪就是教导人们如何做人，师长通过教育、教化让人成为一个真正的人。

礼仪的第一个根本精神是本。儒家主张通过教育使人恢复本性，懂得"报本反始"。孟子认为人性本善，提倡复性；荀子认为人性本恶，提倡化性。礼是大报本，原始反终，要追溯到最后的根源上去，这才是礼的核心。

礼仪的第二个根本精神是敬。这体现在人与人之间要相互尊敬，不仅如此，自己也要尊敬自己，如果没有敬，礼仪就成了虚设的框架。仪式可以有很多变化，但是这个内涵不能丢掉，无礼则无所措其手足。《孟子》里有个故事：弟子问孟子，我见了别人都很恭敬，向他们鞠躬，但是别人对我没什么反应，这是怎么回事？孟子说，你问别人干什么，问问你自己，你是真正发自内心地对人尊重而行礼，还是流于形式地行礼？这两者是有很大差别的，敬是发自内心的，不是流于形式的。当然，我们受教育还是要先从形式上开始，然而不能丢掉礼的精神内涵。

"人贵有自知之明""知人容易知己难"。《道德经·第三十三章》讲"知人者智，自知者明"，只有看清自己的问题，才是真正明白通透的人。人贵在自爱。所谓自爱，就是要自尊，不做不该做的事情。《论语》中关于"仁"的概念有很多。颜渊问"何谓仁"，孔子的回答很明确，"克己复礼为仁"（《论语·颜渊》）。"仁"就是管好自己，让自己的行为合乎礼。"礼"既是人性自然的发露和引导，又是历史积淀形成的社会公共规范，每个人都应该遵守。生活在有组织的群体中间，必须遵守群体的规范，一切言行举止应合乎群体的要求规矩；想任何问题都不能只为自己想，还应为群体想、为社会想。社会是"人人为我"的，因此要做到"我为人人"。懂得自爱、爱人，才能被人爱，这是做人的根本道理。中国文化，特别是儒家文化，其根本点就立足于人的自觉和自爱。《论语》曰"为仁由己"，不是别人要求，而是自觉地、自律地"为仁"。

汉武帝时，淮南王的门客集辑了《淮南子》一书，其中说到"遍爱群生而不爱人类，不可谓仁"，仁的根本在于爱人类。两千多年前老祖宗所说的何尝不切合今天的现状？很多现代人也沦落到这样的状态：爱小狗小猫爱得不得了，对于人类却爱不起来，甚至为了小狗小猫不惜伤害人类。总之，教育、学习的目的就是要"既仁且智"。中国文化的重点，在于人类要认识自己的特定身份，特别是儒家的文化，首先强调做人要跟动物区别开来。这是最基本的，不要像禽兽一样，更不能连禽兽都不如。但人和动物有多少差异呢？孟子认为"几希"，也就是只有一点点区别。

荀子明确地说"禽兽有知而无义"，而"人有气、有生、有知，亦且有义，故最为天下贵也"（《荀子·王制》）。人之贵，就贵在他有"义"。

什么叫义？孟子讲："仁，人心也；义，人路也。"（《孟子·告子上》）义就是人应该走的路。路需要辨别清楚，也就是要知道应该走什么路、不该走什么路，什么时候该走、什么时候不该走。"义"为尽其分内之所当然，"利"言求其私欲之所欲得。义利之辨即公私之辨，人需"见利思义"。董仲舒说："正其谊不谋其利，明其道不计其功。"做人，要辨别心术之正邪，见到"利"的时候，要考虑"利"该不该得，是正当的"利"还是不正当的"利"。我们不能够见利忘义，而应该见利思义,或者甚至于要以义为利,这才是为人之道,也正是人跟动物的区别所在。我们不仅要跟动物区分开来,受过良好教育的读书人更应该有志让自己起到社会的榜样作用、表率作用、引导作用,立志成圣成贤。

陆

个性与品格的养成

君子不器

录自论语为政

楼宇烈 乙未秋

顺其自然,适性逍遥

中国的儒释道三教都要求能够把握中道,能够顺其自然,尊重每一事物的本来面貌和本性。顺其自然并不是放任自性,因为人要明白自己的本性并不是一件容易的事情。平时我们经常说要知道自己的斤两,人只有了解了自己的斤两,才能明白自己的本性。人必须要充分发挥自己的力量,把自己的能量发挥到极致,就是个人价值的体现。不要轻易与别人攀比,因为人跟人是不一样的。人把自己的能量发挥到极致,做到最圆满,并且整个人的身心是健康快乐的,那么就实现了自己的价值。现在之所以有很多人一直沉沦在烦恼痛苦中,就是因为不能顺其自然,失去了本真。儒释道三教都要求我们回归本真。儒家反复强调我们要有赤子之心,当你智识一开，赤子之心就丢了，各种欲望和追求就来了。道家追求复归于婴儿，婴儿的状态是最好的，没有那么多乱七八糟的邪念。佛教追求清净的自性，自性本来清净，但后来到了污浊世界受到了污染。

《庄子》里面有这样一个故事：有一大一小两只鸟，大鸟的肚子很大，到处去觅食，要吃很多东西才能把肚子填饱；渴了要到处找水，喝好多水才能解渴。另外一只小鸟的体形非常小，小到只要啄几粒米，就不饿了；喝少许水，就不渴了。

大鸟和小鸟的本性是不一样的，不需要羡慕对方，不用去和对方攀比。然而这只小鸟想，大鸟这也吃，那也吃，尝遍天下美食，我要像它那样多好啊。要是小鸟真的像大鸟那样的话，一顿就会撑死了。大鸟想，小鸟那么轻松就填饱肚子，喝点水就解了渴了，我要像它那样多好啊，就不需要辛苦地到处觅食。要是大鸟真的像小鸟那样的话，没几天就饿死了。

《庄子》里面反复强调要顺其自然，不要去攀比，关键是要适合自己的实际情况。这就是顺其自然，适性就逍遥。

中国历史上有一个"大禹治水"的故事。本来舜帝是派鲧来治理当时的水灾。鲧的方法是堵。他看到哪儿出现水灾，就去哪儿堵住，结果越堵水灾越厉害，后来舜就把鲧罢免了，不仅罢免了还把他给杀了，然后任用他的儿子禹来治水。禹治水的方法我们都知道，他是顺着水总是要往下流的水势，疏通河道，把洪水排泄出去，所以最终水患就治好了。

李冰修建都江堰，指导思想是顺其自然、自然合理。李冰看到水是流动的，就不用死的、硬的坝栏，而是用竹篓子装上石头，放在那里，随着水的流动，它也会起伏。在汶川地震中，新建的钢筋水泥的水坝都震坏了，而用竹篓装着石头的那部分却没有坏。

儒家把大禹治水的智慧，看作是一种顺应自然的典范，认为这里充分体现了"有为"和"无为"在顺应自然这个原则下的统一。孟子对此有段非常深刻的论述，很有启发性。他说："天下之言性也，则故而已矣。故者以利为本。所恶于智者，为其凿也。如智者若禹之行水也，则无恶于智矣。禹之行水也，行其所

无事也。如智者亦行其所无事，则智亦大矣。"(《孟子·离娄下》)

所谓"故"就是指事物已经呈现出来的一种现象、一种情况，孟子这里讲要谈一个事物的本性，关键就是要看它本来的状态。只要顺从事物本然之性，就可以达到最好的效果，获得最大的利益，所以"故者以利为本"。但是有些人往往因为私欲，用自己的小聪明去干涉事物的本性，这就非常令人讨厌了。如果能够像大禹治水那样去运用智慧，人们自然不会反感，因为"禹之行水也，行其所无事也"。大禹治水是完全按照水性来做的，他的智慧就在于认清了水性并顺应它。所以，孟子总结说，如果有人也能这样的话，那他的智慧就大了，是大智大慧。

顺其自然的思想可以适用于所有方面，适用于人身，适用于社会，也适用于整个大自然。不顺其自然，身体会得病，社会会得病，大自然也会得病。大自然本身也在不断调整，我们要顺应它本身的发展趋势，帮助它取得平衡，而不是去破坏平衡。如今有些人就不愿意顺其自然，相互攀比。

以万物为师

中国文化中一个重要传统是"以天为则"。孔子说:"大哉!尧之为君也!巍巍乎!唯天为大,唯尧则之。"(《论语·泰伯》)中国人非常强调以天地为榜样,向天地学习。如果去孔庙,人们就可以看到,我们是用"德侔天地"来赞扬孔子的品德能够与天地相配,与天地一样高明博厚。从另一个角度来讲,人绝对不能去做万物的主宰,相反,恰恰是要向天地万物学习。道家讲的"道法自然"也是如此,"自然"不是如今所说自然界的概念,而是说事物的自然而然、本然的状态,是值得我们学习的。"道法自然"就是强调人应尊重事物的本然状态。

天地有很多值得我们学习的品德。我们看到天地从来没有因为喜欢不喜欢而舍弃一些东西,天上的太阳、月亮、星星都是普照万物的,"天无私覆,地无私载,日月无私照"(《礼记·孔子闲居》)。天地是这样地广大无私,包容万物。很多人说中国的文化讲的是"天人合一",其实,更准确地说应当是"天人合德",

即人与天在德行上的一致。天地是非常诚信的，孔子说："天何言哉？四时行焉，百物生焉。天何言哉？"（《论语·阳货》）用一个字来形容天就是"诚"。《中庸》里讲："诚者，天之道也；诚之者，人之道也。"孟子也说："诚者，天之道也；思诚者，人之道也。"（《孟子·离娄上》）这也就是说，人道是从天道学来的，天道是诚，因此，人也要诚。在某种意义上讲，人最主要的德行都是从天地中学来的。我们不仅要向天地学习，还要向万物学习。

唐代诗人白居易在《赋得古原草送别》中描述小草说："离离原上草，一岁一枯荣。野火烧不尽，春风吹又生。"赞颂了小草的生命力之顽强，是值得人们学习的地方。我们不仅要向天地学习，还要向万物学习。

宋代诗人徐庭筠在《咏竹》中描写竹子"未出土时先有节，便凌云去也无心"（有时后一句被人们改为"及凌云处尚虚心"），人们要学习竹子从根子上就要有秉直的气节，地位、身份再如何显赫也要虚心谦下。

而最值得人学习的是"水"，孔子遇水必观，老子《道德经》中说"上善若水"，即水具有最高的品德。中国文化最注重向万物中的水学习。水总是往下流,普润万物,从来不居功自傲,要求回报。这是谦虚的品德。水也能够包容万物,它没有自己的形状,而是随器赋形。所以孔子说"君子不器"(《论语·为政》)。水还有坚忍不拔、以柔胜刚的品德。老子反复讲"柔弱胜刚强"(《道德经·第三十六章》)"弱者道之用"(《道德经·第四十章》)的道理。大家都想变得刚强、再刚强,结果以刚对刚,则一定两败俱伤,而水却能以柔克刚,水的柔弱之中具有坚忍不拔的力量,发起怒来势不可挡;水有坚持不懈的精神,最典型的例子就是水滴石穿,一滴一滴地滴,一年、十年……最终把石头滴穿。

人们常说,女人是水做的。女人柔弱,可她又有一股韧劲儿。以柔克刚,刚柔相济,这是双赢。如果以刚对刚,一定是两败俱伤。现在社会上懂得运用柔的智慧的人太少了。现代社会中,女性的作用日益凸显,人们常常用阴盛阳衰来评说这种社会现象。其实,阴盛阳衰只是从现象上来看的,而实际上是阳盛阴衰。因为本来应该阴的、柔的,现在都变成阳的、刚的了。拿人类与整个自然关系来说,如果说整个自然是阳,人类是阴，现代人要去征服自然，人就变成阳了。以阳对阳，结果是人类自身遭殃。我们是阴，就应该顺应自然的变化规律。

自律即自由

在个人的身心修养方面，儒家强调以修养为本。从整体来讲，修养就是一个人整体素质的养成问题。一个人整体素质的养成要通过教育，儒家强调教育，而且十分注重家庭教育。家庭教育是人受教育的开始，然后是学校的教育，还有社会的教育。但是不管是家庭、学校还是社会的教育，都是一种外在的力量，儒家更看重的是一个人内心的自觉性。儒家强调修养是一个自觉、自律的过程，也就是克己复礼的过程。如果我们不把"礼"局限在所谓的封建礼仪上，而是把它扩展到社会的道德规范的层面，那么我想在任何时候"礼"都是我们所需要的。如果我们不能自觉地遵守社会的规范和人际关系的原则的话，那么我们可能会处处碰壁，也就永远得不到自由了。用佛教的话来讲，就是不断地自寻烦恼。

其实一定的自律并不是要让我们做道德的奴隶，而恰恰是让我们做道德的主人。如果我们领悟到了，就可以从物质的奴隶变成物质的主人，从道德的奴隶变成道德的主人，这一切都在于思维方式的改变。这就是哲学里面的自由，只有认识了必然才会有自由，如果你处处都跟必然斗争，那就永远得不到自由。就像我们开车出去一定要遵守交通法规，如果你偏不遵守，那好了，你就一天到晚拿罚单吧。不光拿罚单还有可能被抓起来，这还有什么自由可言？但是，如果遵守了交通法规，车开到哪儿你都会感到很自由。儒家修养身心的目的，就是为了能够让人安身立命。所谓的安身立命，就是使人能够在社会上自由自在地生活，真正实现自我价值，达到孔子讲的"从心所欲，不逾矩"的境界。

"大丈夫"精神

儒家的修养观决定了儒家的生活态度是非常乐观的。从这个方面来讲，它是跟佛教相反的。佛教的人生观是苦命，而儒家则是很乐观，但这并不妨碍从不同的道理通向同一个境界。就像孟子讲性善，而荀子却讲性恶。不管是性善也好，性恶也罢，一个是通过扩展善心来达到人生的至高境界，一个是通过改变恶性来达到人生的至高境界，最后达到的目的都是一样的。二者的手段也大致相同，都是通过教育和修养。你不能说我人性善了就可以自然而然地达到最高的人生境界，这是不可能的，必须要有一个不断地受教育和自我修养的过程；而如果人性恶，你就认定自己必恶的话，你在这个社会上是没法生存的，还是要化性起伪，通过教育、自身修养来达到最终的目的。所以，孟子和荀子虽然出发点不同，但是殊途同归，最终都达到了人生的理想人格的境界。既然儒家的生活态度是非常乐观的，当然就非常珍惜生命。孟子曾说："君子不立乎危墙之下"，明明知道墙要倒了，却偏偏非要站到那里，这并不能显出你的勇敢。不是说我活着就要怎么了不起，不是这样的，而是要重视现实，不回避现实，不沉湎于虚无的理想，而是要通过实践努力实现理想。可以说，儒家非常重视人的努力，儒家有一句话叫作"尽人事，听天命"，"听天命"也不是消极的意思，而是指一件事情有时机成熟与不成熟的问题,时机成熟了就行了,就可以实现了;时机不成熟呢,可能一时还实现不了,但是不能因此就放弃自己的努力。因为努力实际上也是在创造时机,你没有机遇不能成功,但是这个机遇也不是坐等来的,必须要"尽人事",只有"尽人事"才能够创造一些机遇,儒家就是这样一种生活态度。

我把儒家的价值观念简单地归纳起来,就是要"见义勇为,见利思义,舍生取义",也就是说要在奉献中实现自我,实际上这就是怎样成为一个真正的人的问题。

在《论语》里,子路曾经问孔子,怎样才能算是一个真正的人?孔子回答他说:"见利思义,见危授命,久要不忘平生之言,亦可以为成人矣。"见到利就要思义;遇到危险要能挺身而出,勇于承担;不管多长时间,只要承诺过的事,就一定要去实现它。孔子认为只要做到这三条,就可以算真正的人了。这也可以说是儒家对整个人生的价值观。儒家的思想从治国到处理人际关系,一直到个人的生活态度和修养等方面,可以说都有一套非常周全的理论。

而在人际关系上面,应该说儒家是非常强调尊卑有别、长幼有序的,这样才需要伦理建构。儒家有所谓五伦,即君臣、父子、兄弟、夫妇、朋友。过去把前面四伦都看作是不平等的,记得谭嗣同曾经讲过,五伦里面就朋友这一伦是最好的,是平等的。我们可能也听过"君要臣死,臣不得不死;父要子亡,子不得不亡"的话,好像下对上只能是绝对地服从。其实原意上来讲不是这样的。

《礼记》里面曾经讲到,要治理好一个国家,必须考虑四个方面:人情、人义、利、患。它还特别讲到什么叫作人义,说"父慈、子孝、兄良、弟悌、夫义、妇听、长惠、幼顺、君仁、臣忠,十者谓之人义"。就是说父亲要慈爱,儿子就要孝顺;兄长要非常善良,做好榜样,弟弟就要尊敬兄长,丈夫要义,妻子就要听从,年长者要讲惠,年幼的人才能够顺;君主要讲仁义,臣下才能尽忠。这完全是相互作用,不是单向的。

如果君不仁怎么办?臣是可以不忠的。儒家理论体系中都是这样的。有人问孟子,周文王和周武王作为臣子,怎么能够去杀商纣王呢?孟子怎么回答的?他说,我从来没听说过臣杀君这件事情,而只听说过诛一独夫而已!商纣王已经是一个独夫民贼了。荀子就更明确地提出"从道不从君"的原则。就是说要按照道来做事情,不应该盲目地"从君",所以才有汤把夏桀推翻了,武王把商纣王推翻了的事,这就是中国历史上的"汤武革命"。

当然不能说历史上没有愚忠,没有三纲五常。但是从思想本身来讲,并没有要求这样做,因此历史上才有很多连死都不怕的谏臣。只要皇帝错了,就要进谏,哪怕皇帝把他杀了也要说,这些谏臣遵循的就是"从道不从君"的理念。

在现代人看来,也许这种做法太蠢了,但是这种精神是非常宝贵的。我们经常强调要做一个大丈夫,《孟子》里面讲要成为大丈夫,基本的条件有三:富贵不能淫,贫贱不能移,威武不能屈。这就是大丈夫的品格,这就是儒家提倡的做人的根本准则。

有几句话我们都很熟悉,就是诸葛亮讲的"鞠躬尽瘁",范仲淹讲的"先天下之忧而忧,后天下之乐而乐",文天祥讲的"人生自古谁无死,留取丹心照汗青"。这都是我们经常背诵的一些名言,可以说都是在儒家思想的熏陶下人格的升华。所以,儒家在人际伦理上强调有序有别,但是在有序有别中,又强调权利和义务是相互的。总而言之,它体现了一种"惟道是从"的精神。

知行合一

"内圣"就是自己的修养要高。那么,怎样提高修养呢?就是以君子为榜样来要求自己。但是,仅仅提高内在的道德、修养是不够的,还必须强调"外王"。"外王"就是所谓的"事功",即不仅内心要有很高的修养,还要把它运用到现实的生活中去,并做出成绩来。

在中国,形容一个人品德好,就是立德、立言、立功。首先是培养自己的品德,然后还要"立言",就是说你的话能够让大家从中受到启发,受到教育;但只有立德、立言还不行,还要立功,就是要做出成绩来。

内圣外王是指内外两个方面——既要有自己的修养又要有外在实际的业绩,就是强调要能够经世致用。怎么用呢?《中庸》就讲,要"博学之,审问之,慎思之，明辨之，笃行之"。"博学之，审问之"就是要多搜集资料，直接去考察一下；然后"慎思之"，慎重地思考；还要"明辨之"，即辨析清楚；最后"笃行之"，就是要落实到行动上去。"笃"就是实在的意思，要很坚定，实事求是地去做。荀子有一句话叫"学止于行而至矣"。行，就是做学问的最高点了。朱熹也讲过一句话："学之之博，未若知之之要；知之之要，未若行之之实。"就是说你学问再广博，如果不能把握知识的要领，那做学问也是没用的。但是你能够把握它的精神要点，又不如你实实在在去做。"知"必须要落实到"行"，落实到"行"才是最重要的。

《中庸》的另一个根本意义就是"诚"，我们现在都在讲诚信，《中庸》就已经把"诚"这个概念提到了一个非常重要的地位。"诚"是什么？天之道！"诚者天之道"。天是最讲诚信的，"四时不忒"，四季不会错位，不会不来。春天过去一定是夏天，夏天过去一定是秋天，秋天过去一定是冬天，这个规律是不会变的，这是天道，天道就是这样的诚。人呢？人就应该效法天的诚道，所以说"诚者，天之道也；诚之者，人之道也"。

《孟子》里也讲过，孟子讲："诚者天之道，思诚者人之道。"说法不太一样，但意思是一样的。

中国人非常强调以德配天，德侔天地，这是最高的。我们去看孔庙，孔庙里面写的就是"德侔天地"。孔子了不得，他的德行可以跟天相配，什么地方相配呢？就是这个"诚"字。天人合一，其实讲的就是天人之间德的合一，也可以说是一种德行的天人感应。你的德行跟天一样了，天就保佑你，你德行达不到天的要求，天就不保佑你，所以人的品行跟天的品行是互相感应的。人道应该向天道学习，天之道讲诚，人之道也要讲诚，以人道的诚之德去配天道的诚之德。《中庸》提出的这个"诚"的思想，可以说影响了整个中国文化的气质。

问：怎样才能做到尊重孩子的天性？

我推读三篇古文，这三篇古文可能不是最有代表性的，不过对于教育很有启发性。第一篇是唐代文学家柳宗元写的《种树郭橐驼传》。这篇文章讲的是一个种树的老人，姓郭，因为驼背，人们叫他郭橐驼。他栽种的树长得茂盛，结的果实也多；别人栽种的树，却没有他的好。所以人们都称赞他。有人问他："你种树有什么诀窍？这些树为什么长得那么好呢？"他说："我并没有什么特别的诀窍，我只是遵从树的本性。树要根深才能叶茂，叶茂才能结出好的果实。我种树的时候，一定要把树坑挖到适合树木生长的深度，然后把树栽下去，把土埋好，再浇水，接下来就让它自由地生长。"他又说："很多种树的人，树种下去以后，今天挖开看看，明天又填些土，树皮上长了什么东西，就用工具刮刮弄弄。这样看似爱它，实际是害它。果树过度受到干扰，就长不好了。我就完全让它自由地生长，把它的基础培养好就可以了。"那人听了，就说："你讲得很有道理，这些道理能不能应用到为政治国上呢？"郭橐驼说："我没当过官，不懂这里面的道理。但是我也有体会。我在乡里居住，那些乡官一会儿督促大家种地，一会儿督促大家采桑，一会儿督促大家缫丝，一会儿又督促大家送孩子上学。击鼓敲梆子，让老百姓苦不堪言。这些都是日常生活要做的事，老百姓自己会安排好，何必去干扰他们呢？"

《种树郭橐驼传》告诉我们，做事要尊重自然规律，要把基础环境构建好，有很多事情并不需要千叮咛、万嘱咐，看上去出于好心，结果反而误了大事。

第二篇是明代思想家、教育家王阳明的《训蒙大意》。训蒙，就是训导蒙童，即教育孩子。怎样教育孩子呢？文章里讲到，孩子的天性就是喜欢玩，因此要尊重孩子的天性，不要去强迫他们这样做、那样做。我们总是强迫孩子，时间长了，这些孩子就会"以学校为囹圄，以教师为仇寇"，把学校视为监牢，把老师视为仇敌。所以王阳明说，应当寓教于乐，通过孩子喜闻乐见的方式，让他们学到应当学的东西，不要违背他们的天性。

第三篇是清代思想家龚自珍的《病梅馆记》。他有一首诗广为人知："九州生气恃风雷，万马齐喑究可哀。我劝天公重抖擞，不拘一格降人才。"这篇《病梅馆记》也是他的名作。文章里说，人们经常以长得歪歪扭扭的梅花为美，所以把梅花的枝条用绳子捆起来，将其塑造成各种各样奇奇怪怪的样子。他觉得这样做违背了梅花生长的天性，所以他就建了一座病梅馆，买了许多扭曲的梅花，然后将枝条上的绳子解掉，让它们得以自由舒展，他认为这才是梅花真正的美，也就是自然的美。他在文章中发出感慨,现在天下以扭曲为美,自己的经济能力有限,不能盖更大的病梅馆,把全天下的病梅都收进来,让它们自由地生长,自由地绽放。

人才不是刻意培养出来的,而是自然生长出来的,所以我们最需要的是营造良好的环境,而不是要求人们如何去做。有了良好的环境,让孩子们自由地成长,人才自然而然就涌现出来了。

科学家钱学森曾提出一个疑问:"我们的学校为什么培养不出杰出的人才?"这就是著名的"钱学森之问"。其实不是中国没有杰出的人才,也不是中国培养不出杰出的人才,而是我们的人才评价标准存在问题。什么叫人才?大学生是人才吗?硕士生是人才吗?博士生是人才吗?留学生是人才吗?我们的标准有问题。如何认识人才、认同人才,这才是问题的关键。就像前文所引龚自珍的诗句:"我劝天公重抖擞,不拘一格降人才。"只有不拘一格,我们的人才才能涌现出来。中国传统文化中有很多类似的教育理念和方法,都值得我们学习和吸收,而其中的核心就是培养一个真正的人,做人是育才的根本。

不苟为、不刻意、不执着

近代著名佛教大师太虚有一首偈语,他说"仰止唯佛陀,完成在人格;人成佛即成,是名真现实。"人圆佛即成,人做圆满就是佛了,这是真实、现实的。我们虽敬仰、向往佛陀,但更要成为佛陀,那是我们人格的自我完成和圆满。近年来,特别是 2016 年以来,我有个体悟,即"三不"(不苟为、不刻意、不执着),还给自己起了一个堂号:"三不堂"。它不是一个具体的空间,是在我的内心中有一个空间叫"三不堂"。

《管子》曰:"仓廪实而知礼仪,衣食足而知荣辱。"这是我们的希望。什么叫仓廪实?什么时候仓廪实了?什么叫衣食足?什么时候衣食足了?这大概很难说,因为没有实、没有足的时候,物欲无穷尽,欲壑难填。中国古人特别是中国道家,反复强调要知足,知足者常富,不知足者就常贫。人外有人,天外有天。在这物质生活不断提升的时代,人的物欲越来越高,追求越来越高,因而出现各种各样的问题,如社会的你争我夺、自然环境的破坏等。但人不能一天到晚生活在争斗中,也要注重自己的精神生活。中国传统文化的礼仪文明,是在有了相当的衣食、仓廪后才创造出来的。但这些文明的礼仪,也会不断受到物欲的冲击,因此要不断提升我们的礼义廉耻。

作为社会的精英分子,如读书人、掌权者、企业家等,更应有这样的认识和自觉,要更多的思考,认识到我们在享受这样的物质文明带来的各种优越生活条件之后,如何在精神方面给予更为丰富的内涵,让精神不被物欲腐蚀。让精神引领物欲,保持一种道的追求,志于道,追求人类应达的境界,而不是让物异化了自己,丧失追求人生高尚境界的志向。

我经常用这两句话来概括我们的现状,不一定全面,但至少可以说明我们有这样的严重情况。第一句话是"我们征服了自然而丢失了自信(人类的自信)",第二句话是"我们享受了物质但忘掉了精神"。如何回归自我,保持高尚的精神境界,是每一个有志于求道的人应时刻思考的问题。

慢慢地,我提炼出"三不"。第一个"不",是"不苟为",不要做那些苟且的事情;第二个"不",

是"不刻意",刻意即故意做作、装模作样;第三个"不",是"不执着"。这恰好和中国传统文化中儒释道三教的文化符合。"不苟为",更多的是儒家在倡导;"不刻意",更多的是道家在倡导;"不执着",更多的是佛家在倡导的。否定了"苟为""刻意""执着",我们该怎样?要有一个对应措施,即"唯贵当"。当,即恰如其分,恰到好处,应该这样做的,而不是苟且去做;要"顺自然""不刻意",即顺其自然,自然而然,不做作;"不执着",就是一切要随缘,"且随缘"。"三不堂"的堂训就是"不苟为,唯贵当。不刻意,顺自然。不执着,且随缘"。

不苟为

"不苟",出自荀子《不苟》篇。《荀子》中前四篇文章,对人生很有意义。《劝学》中的"青,出于蓝而青于蓝,冰,水为之而寒于水",就是鼓励人们不断学习,反复强调人生来没有多大差别,关键在于后天的学习、师从、环境及交友等。"近朱者赤,近墨者黑",说明环境、交友非常重要。而且,教师也非常重要,师者模范也。启功先生为北京师范大学写的校训就是

"学为人师,行为世范"。《修身》篇讲,每个人都要不断地自我修身养性,这是自我和自觉的要求。《大学》讲,"自天子以至于庶人,壹是皆以修身为本"。中国文化是一种修身文化,所谓修身者,就是自我管理好自己,从自觉上升到自律,这是中国文化的根本精神。《劝学》和《修身》一外一内,结合起来,使我们成为一个堂堂正正的人。《荣辱》篇主要是讲做人的根本原则,谈及以什么为荣、以什么为辱的问题。

其中,《不苟》是《荀子》的第三篇,教我们如何才能不苟为。"君子行不贵苟难,说不贵苟察,名不贵苟传,唯其当之为贵。"我们的言、行、名不能苟且地去传,做那些不合常情、常理的事情来显示自己。荀子讲,不要这样做来显得自己学问很大,能头头是道地讲一堆大道理,但在现实生活中却不是这个样子,即"说不贵苟察"。"行不贵苟难",荀子举了一些例子,如一些人为了表示忠贞,抱石投河,抱树来烧,这不是应该做的,不合常情常理。至于名,更不应该为了传扬自己的名,做一些违背常理常情的事情,而应"唯其当之为贵",恰当、恰如其分地做事,这是最根本、最重要的。

如何才能做到不苟为？荀子讲，君子养心莫善于诚。诚信、诚实、诚敬是诚的三方面含义。一个人最根本的品德是要在诚上下功夫。荀子接着讲，公生明，偏生暗，诚信生神。诚信是做人的最根本原则，是做到不苟为的重要基础。

在物质文明高度发展的情况下，我们的精神生命不是简单的保持，而是要加速去超越物质文明，关注生态文明。生态文明的一个核心内容是科技伦理，进行自我约束，尊重自然。南宋王幼学的《四留铭》说："留有余，不尽之巧以还造化；留有余，不尽之禄以还朝廷；留有余，不尽之财以还百姓；留有余，不尽之福以还子孙。"留，是说人要留有一点余地，不能把什么事情干尽、干绝。我们常讲巧夺天工，人类要用尽人类的巧去夺造化之工，但仍应留一点人的智慧，还给大自然，还给造化，这样人才能够与自然和谐相处。因此，我们要自我约束，反求诸己，反躬自问，有一个自觉，真正达到生态文明、生态平衡。人类最重要的是什么？是尊重自然，而不是征服自然、改造自然。所以要以"不苟为，唯贵当"来警醒自己。

不刻意

此出自《庄子·外篇》，其中一篇文章就叫《刻意》。"刻意尚行，离世异俗，高论怨诽，为亢而已矣。""此山谷之士，非世之人，枯槁赴渊者之好也。"这是说，离开这个世界，离开社会的这些人，只是想要标榜自己如何清高、不与世俗同流合污。刻意地尚行，做自认为是非常高尚的事情，这是"刻意"一词的最初来源。如果把这些刻意为之的东西忘掉，最后就是众美皆具，这是典型的道家思想。我们一般人，顺其自然即为最好的修养。

冯友兰先生曾讲过，人生有四重境界。一是自然境界，浑浑噩噩，糊里糊涂，没有追求、抱负，日出而作、日落而息，即一种自然的人生。这是最浅显、最低级的一种人生境界。二是功利境界，整天忙忙碌碌地求名求利。三是道德境界。这是一个很好的境界，但也很辛苦，很多人，很多事，是刻意而为之，并不纯粹，会约束自己的许多天性。四是天地境界，既超越功利，又超越道德，是真正明白做人道理的境界，可以"从心所欲不逾矩"，自然而然，自由自在。

那为什么是天地境界超越功利和道德？这是因为到了天地境界，我们回归了自由自在的状态。但要超越，并不容易，重要的是，如果我们能够顺其自然地做事，从有形上升到无形，这才是真正的提升和超越。现在，我们的一切都在有形中间。如锻炼，我倡导的方法就是拍拍打打、扭扭捏捏、蹲蹲起起、溜溜达达，即在生活的一切地方都在锻炼，一切方面都在锻炼。把有形的东西，逐步化为无形的，就是提高、超越。

不执着

不执着，是佛家的一种理念。《佛经》里讲，"以有于执着，流转生死中"。生死轮转，不太了解佛教的人认为，这不就是轮回吗？人就是在前世、今生与后世的轮回中间，怎么因为执着就流转于生死中间，流转于生死中间有什么不好？佛教追求的恰恰是超越轮回，了断生死。超越轮回，这是佛教根本的追求目标。但为什么会在生死中间流转？就是因为有执着。因为执着，所以无法超越轮回，无法了彻生死，成不了佛，也成不了菩萨。现在，执着的概念已经发生变化，不要与佛教所说的执着概念混同。

佛教中讲的执着,有一个"分别"这样的词来界定。分别执着,也就是说,我们看问题有分别,有了分别,心就有了执着心,不能够平等地看待一切事物。从现象上讲,事物是有分别的,不能说什么东西都一样。佛教的深刻之处在于,让我们看到现象的分别是由感官来分别的,恰恰是由于感官分别了现象,随后产生了对我们分别出来的现象有好恶之分,有得舍之别。

因此,如何让我们超越感觉器官,分别把它消除,在佛学中叫作转识成智。眼、耳、鼻、舌、身的功能叫识,是分别的功能。如何来超越识,就是佛教提倡的智,即智慧,梵语讲般若。这种智慧让我们能够摆脱现象中的种种区别,看到我们所见的现象都是无常的,并不永恒。世界没有永恒的东西,都是暂时存在的。另外,它没有一个独立的主体,只是各种因缘聚在一起,所以才把它称之为某某。佛教中用一句话讲叫无我,我们看到的所有现象世界中千差万别、千姿百态的东西,从根本上讲,其实都是无常和无我。这是因为,一切事物不是某一个神或某一个规定性的东西把它制造出来的,而是自然界的各种因缘凑在一块,各种条件、各种材料聚在一起才有的。这就是佛教讲的缘起。

当我们认识到缘起，明白一切现象世界的事物是无常和无我的，从这一角度讲，舍不得的到时也得舍得，放不下的到时也得放下，因缘不成熟时，我们想得到的也永远得不到。如果我们能够这样来认识现象世界，还会对它那么执着吗？一切随缘。所以，执着是我们有了分别而产生的对现象的这种判断、追求。虽然强调随缘，但佛教不是要让我们不去下功夫，而是说要精进。精进是我们觉悟的一个重要途径。佛教中讲六度，即用六个途径来提升自己，使我们超越人生、成佛、成菩萨。这六个途径是：布施、持戒、忍辱、精进、禅定、智慧。而精进是让我们能够成佛的一个前提，不断努力、提升。

执着是因有分别、有取舍、有好恶、有得失等，让我们有了烦恼和痛苦，而精进是不断努力来超越，超越分别，超越执着，让我们得大自在。因此，一切做事随缘，因缘成熟时事情就可能成功，因缘尚未成熟时我们创造条件，让它慢慢缘聚、缘足，事情就做成了。我们不应强求一定要这样做、那样做，也许执着这样做，最后可能结果并不一定很好。但如果随缘了，大家慢慢地凝聚在一起，可能会做成一个更好、更大的事业。

当然,这不是让我们放弃原则。佛教中有一句非常重要的话,叫不变随缘,既要坚持原则,又要懂得变通。因此,在佛教中,方便和究竟是一体的。各种方便法门,可以这样做,也可以那样做,但不能离开一个究竟。究竟是觉悟人生,了彻生死,超越轮回。它的方法多种多样,一切随缘。佛度众生,不是佛在度众生,而是众生在度自己,这是佛教的根本理念。所以,佛不是我们的救世主,而是我们的导师,引导我们觉悟、度自己的导师。

三个"不",我以"不苟为,唯贵当"自警,以"不刻意,顺自然"自期,以"不执着,且随缘"勉励自己。

柒

怎样安身立命

传曰：君子役物，小人役于物。

录自荀子修身

楼宇烈

乙未秋

人应该追求什么

人应该追求什么?什么才是真正意义上的发展?人要获得真正的自由就要既不受物的约束,也不受神的约束,还自我以本来面目。

人需要一定的物质基础,在有了一定物质保障的前提下,还要提升自己的精神追求。现在的发展理念往往只是满足人的额外的物质追求,从文明的角度讲,反而是一种倒退。物质发展了,精神也要发展,在发展精神文明的时候,传统文化可以给我们提供丰富的资源。

现代社会最缺乏的就是人文精神。在物质生活水平飞速发展后,自我的失落成了现代社会中人们所面临的最大问题。现在人们所感受到的最大的精神痛苦就是做不了自己的主人,而被大量外在的东西,特别是物欲所支配。在自我无法解决的时候，又求之于神。但人的问题还是要人自己去解决，发挥自己的能动性。这就是现在提出的精神开发和自我认同的问题——不是认同物，也不是认同神，而要认同人自己。

中国传统文化的根本特征就是注重人的精神生活，提倡人文主义。在世界文化的发展历程中，中国文化曾在很长一段时间内走在世界的前列。过去有人批判中国文化，认为中国人只陶醉于自己的精神文明中。在当时经济落后的状态下，这也许有其合理性。但经过近现代一百年来的发展，中国社会的物质水平得到了很大的提升，精神文明反而丧失了、落后了。在这种背景下，中国文化中注重精神文明、强调德行的理念正好契合了现代社会的需求，有很大裨益当代的作用。不仅是在中国，两次世界大战后，西方的思想家也都在呼吁人文精神的重现，提出了新人文主义。而重现人文精神，最丰富的资源就是东方文化。

儒家崇尚人道的礼仪教化，道家尊重天道的自然无为，佛教则注重人性的净化，礼仪之邦正是由这三方面构架而成的。同时，由此演化出的"整体关联、动态平衡"，以及主张"中"与"和"的思维方式，共同塑造了中国的品格。重建礼仪之邦，弘扬中国的品格正是我们现在社会所急需的。

中国的品格

所谓品格，可以说是一种德行、一种格调。品，本身有品味、品类的意思，指的是分类的问题，即被划分到了哪一类，是低层次的，还是高层次的？中国古代的官衔讲位居几品，可见品就是类，即看你在哪一个等级上。格，就是格调，也是层次的问题。每种东西都有它的品格，做人有做人的品格，一个国家有一个国家的品格。

对于"品格"一词，人们可能有不同的理解，也可以从不同的角度去领会。何谓"中国的品格"？我想是根植于中国传统文化之中，是中华文明所打造出的一种特有的品质。而中国传统文化主要是由儒、释、道三教组成的，三者都提倡人要反省自求、提升自我。

儒家讲求天时地利人和，提倡自己创造，而不是坐等。儒家最核心的一个理念就是：只有自己做好了，所有的外力才会辅助你，即所谓的"皇天无亲，惟德是辅"，强调自己品德的提升才是根本。儒家认为"尽己之心"就能"尽物之心",然后"参天地之化育",主张"修身、齐家、治国、平天下",使人自身和各种关系都得以和谐发展。

佛教讲人的一切烦恼、痛苦都是人自身造成的。从根本上讲,佛教是用来治心的,除去贪、嗔、痴之心,还自我以本来的面貌,尊重人的心性。佛教之所以能在中国生根,很好地融入中国的本土文化,就是因为它提倡内省,反求诸己,这和中国文化的向内精神正好契合。

道家认为,要遵循天地万物的自然本性,不能以个人的意愿去随意改造,强调自然无为。不单是对自然,对他人也应该尊重,使其按本性去发展。只有按本性发展,才能达到最充分、最完美的状态。道教也强调反省自己,不干涉他物,因势利导。

中国文化提倡认识自我,主要是认识人的本性。它强调人在天地万物中,既和万物一样,又和万物不同。人具有主动性和能动性,在万物中拥有最大的自由。这种主动性应当正确使用,任意妄为就会损害本性。因此在实践原则中,中国文化坚持"中"与"和","中"就是恰如其分,"和"就是平衡,不做过分的事。人生活在群体社会中，群体要发挥作用就必须有"礼"来规范每个人。人人按其身份、地位履行各自的职责，社会才能正常运转。礼的规范根植于人性和人类社会的本性。个人价值的实现，一定要得到他人和社会的认同，必然要对他人和社会作出贡献。因此，做人就要尽伦尽职，按自己的身份地位做好自己该做的事情。礼是社会所必需的，也是公民素质的体现。从这一角度上讲，中国的品格也就是建立礼仪之邦。所谓的礼仪之邦就是指：每个人都清楚自己的身份、地位、责任和义务；人与人之间互相尊重，理解包容，礼貌恭敬，从而形成一个良好的生存环境。中国社会自古就非常重视礼，讲究遵循社会规则。中国的礼，是在尊重人的本性的基础上确定下来的，也是随时代变化而变化的。重建礼仪之邦的信仰，高举人文精神旗帜，需要将儒、释、道三教很好地结合起来。所谓礼仪之邦凸显的就是中国文化的人文精神。

既不要做神的奴隶，也不要做物的奴隶

人的自觉在于自觉为人，首先要对人类自己有一个认识。人具有主体性、主动性和能动性，不能过度依赖外面的力量，否则人就失去了主体性、主动性、能动性。所以作为人，应该自立、自信、自强、自尊，要管好自己，从自觉到自律，这就是中国文化的根本，是中国文化的人文精神。

中国文化历来强调的就是人的自我修养、自我提升，从来不是去乞求外在的力量来获得救赎，去往另一个世界。中国文化推崇天地广大无私的精神，即生养却不占有，帮助他人却不以功高自居，成就了万物却不做他者的主宰，落实于自身，在强化自身要求时，应做到抵御物欲的干扰，防止欲望对人的侵蚀。因为人如果不约束自我，就会穷尽自然资源来满足自身欲望。中国文化讲究既不成为神的奴隶，也不成为物的奴隶。所以中国的文化就是认识人是怎么回事：人是"最为贵""最为灵"的；人又是渺小的，只不过是天地万物中很小的一份子。所以人既不受外力的控制和支配，也不要自大地要去支配天地万物。如果人一切听命于外力来决定命运的话，是人的自我异化，不相信自己，于是就构造一个外在的力量——造物主，构造一个现实之外、之上的世界——神的世界来管人,这是人的自我意识的薄弱、自我信心的缺失。然而当人认为自己了不得,可以去支配一切、主宰一切的时候,恰恰又陷入了另一个异化,也是自我的丢失,结果就是要靠外力来控制我们。人的自我异化有两个方面,一方面是异化成为神的奴隶,一方面是异化成为物的奴隶。中国文化恰恰就是告诉人们要保持人的主体性、独立性、能动性,既不要做神的奴隶,也不要做物的奴隶。

怎样安身立命

蓄德修身

蓄德以安身,修身以立命。安身立命的根在什么地方?我认为安身的根基就是蓄德,对于个人是如此,对于家庭也是如此,对于国家还是如此。《大学》说:"大学之道,在明明德。"可见德是根本。《大学》还说:"富润屋,德润身。"财富能够修饰房屋,德行可以修饰个人,而德行的积累、实践就是安身的根本。一个人具有崇高的道德,天时、地利、人和都会聚集过来,他的各项事业才能够成功。《大学》里面还有这样一段话:"有德此有人,有人此有土,有土此有财,有财此有用。德者本也,财者末也。""有德此有人",有德之人,百姓就会向他靠拢;"有人此有土",有了人民就有了土地;"有土此有财",有了土地就可以产生财富;"有财此有用",有了财富才可以使用;"德者本也,财者末也"这句是对前面几句的总结。所以有吃有穿有住虽然能安身,却并不牢固,只有蓄德才是安身的根本,可以使其稳固。

得到一个真正的安身之地

当我们有了一个做人的基本德行,又能不断地提升德行、自我完善,才能够得到一个真正的安身之地。德既是对自己的要求,也是对他人的一种付出。在这些德行里面,中国文化非常强调两个字——"诚"和"敬"。我们为人处世离不开这两个字。

所谓"诚",就是让我们做人诚实、诚信、诚意,不自欺、不妄为。所谓"敬",就是崇敬、尊敬、肃敬,不放逸、不怠慢,做人要守规矩,做事要守规矩,要有敬畏之心。我们不仅要敬畏自己,也要敬畏他人,更要敬畏我们所从事的事业。一个人如果具备了这两个基本的品德，那么他就会活得心安理得，可以说得到了安身之地。如果我们成为一个没有道德感的人，即使一时有锦衣玉食，也会很快失去。所以中国文化中从根本的做人道理上告诉我们怎么才能够安身：使自己的德行趋向完美，就是"安身立命"中的"安身之道"。

怎么样立命呢？《孟子》说："夭寿不贰，修身以俟之，所以立命也。"（《孟子·尽心上》）简而言之，就是"修身以立命"。所谓修身，就是不断地完善自己，从根本上来讲，立命跟安身是一致的，也是从德行上着手。无论作为一个人还是作为一个群体，修身都是最基本的功课，所以《大学》的结语说"自天子以至于庶人，壹是皆以修身为本"。北宋著名的哲学家张横渠有四句教——"为天地立心，为生民立命，为往圣继绝学，为万世开太平"，已经提出"立命"这个理念了。他说的立命不是为个人立命，而是为生民立命，也就是不仅要改变自己的命运，更要帮助老百姓改变命运，让大家生活在一个更加幸福的环境中。从个人来讲，"修身以立命"就是通过修身来树立自己对命运的认识。

楼老讲传统文化故事：了凡改命

明朝有一个文人叫袁了凡，他写了四篇文章教训他的子女，这本书就是《了凡四训》。第一篇讲的就是命运不是不可改变的，而是由你自己来立的，即命由己立。他写这篇文章就是要告诉人们，尽管有命在天，但是这个命是由自己来决定的。

他讲了一个自己的故事：他刚出生时，家里请了一个算命先生给他推算八字，说他命相比较薄，身体也不太健康，至多活到五十岁，而且没有子嗣，还说他能够平平淡淡地过一生就是很好的归宿了。他的母亲听了，后来把这件事告诉他，说这就是他的命运。他也一直安分守己，接受这个说法。后来有一位禅师见他老实本分，做事认真，心地善良，同时感觉到他的精神状态不是那么振奋，就问他原因。他就把算命先生的话告诉禅师。这位禅师就说，按照佛教的理论来讲，你种什么因就会结什么果，所以改变种下的因就可以改变结出的果。袁了凡因此明白：命运是由自己来决定的。于是他就觉得自己应该改变自己的命运，要多做善事。他用一个办法来督促自己，订了一个小本子，每一页上都画了很多小方格，做了一件让自己感到快乐的事，而且有助于人，就画一个红点；做了一件亏心事就画一个黑点。这就是历史上有名的"功过格"。

开始的时候，黑点多，慢慢地，红点越来越多，他的心情也越来越开朗，身体也就更健康了。算命先生说他只能活到五十岁左右，结果他活到七十多岁；说他没有子孙，结果他生了两个儿子。所以，命运并不是一成不变的，通过自己的努力，就可以改变。

当然这个故事只是从一个角度来讲的，因为因果关系有很多是必然的，也有很多是偶然的。像袁了凡生活的年代，相对来讲社会比较稳定，所以几十年间，他通过这种努力可以改变命运。如果他生活在一个战乱频繁的时代，即使这样做了，可能也难逃一劫，命运也就无法改变。

楼老讲传统文化故事：求老天保佑能灵验吗？

王敬作所，不可不敬德。

我不可不监于有夏，亦不可不有监于有殷。

我不敢知曰：有夏服天命，惟有历年；我不敢知曰：不其延，惟不敬厥德，乃早坠厥命。我不敢知曰：有殷受天命，惟有历年；我不敢知曰：不其延，惟不敬厥德！乃早坠厥命。……肆惟王其疾敬德！王其德之用，祈天永命。（孔颖达《尚书正义》）

在中国的传统文化里，天人合一的一层意思就是人跟天命之天的合一，那么它的核心又是什么呢？就是"疾敬德"。"疾"是迅疾的意思，"疾敬德"就是说要把提高自己的德行放在最重要的位置。

这段文字说道：我们不能忘记夏和殷的经验教训，我们不敢说上天就只给了夏和殷这么长的国运，是他们自己没有很好地提升自己的德行，才早早亡国的。所以我们必须把德放在最重要的位置，这样才能够祈求上天来永远保护我们国运长久。

这里讲到了天道，天道是什么？是赏善罚恶。天命并不是永远的，就看你有没有德行。你有德就可以保持你国运的长久，没有德，那么你的国家就会灭亡。

这个天命最初是祖先崇拜，认为自己的祖先会在上面监视自己、保佑自己。现在又说天命并不是永远的,既然天命是无常的,它又怎么会来保佑你呢?所以当时又提出来这样一个观念,叫作"皇天无亲,惟德是辅"。皇天这个天,是不分亲疏的,只会"惟德是辅",就要看你有没有德,有德我就保佑你,没有德我就不保佑你,不管你是不是我的子孙。

古代讲天子是受命于天的。为什么叫天子?天子就表示他是天的儿子,当然就是受命于天的。这个天是不是一种有意志的"天"呢?是不是一种神话了的"天"呢?这是一个很关键的问题,这里我想先讲一个故事。

在《孟子》这部书里,记载了这样一件事情。一个弟子曾经问孟子:"尧把帝位天下让给了舜,这件事情是怎么回事?难道是尧私自把这个天下让给了舜?"孟子说:"怎么可以这样说呢?天下不可能是私相传授的,舜有天下是天命授予的,并不是尧把这个天下随便就让给了舜。"弟子又问:"天是怎样来表达它的意志呢?怎么来告诉尧可以把帝位让给舜呢?是不是天向尧发布了命令呢?"孟子马上告诉他:"这怎么可能呢?天不会主动讲话的。"弟子接着问:"既然天没有说话，怎么能说尧把天下让给舜是天命呢？"孟子说，这主要是通过两件事情来考察的，一件事情就是尧让舜去主持祭祀天地的仪式，看看天地有没有反应，也就是看有没有异常的自然现象出现，如果没有反常的自然现象出现，那就说明天接受他了。第二件事情就是尧让舜去主持一些事情，给老百姓办事，看看老百姓是不是喜欢他，是不是拥护他。如果老百姓很安宁、很欢喜，那就说明老百姓也接受他了。如果天认可他了，人民也认可他了，他就可以继承帝位了。

孟子最后引用了《尚书》里面的一句话来说明这个问题，《尚书·泰誓》曰："天视自我民视，天听自我民听，此之谓也。"

从孟子的分析里可以看到，人意是天命的根据，"天视自我民视，天听自我民听"。而天命呢？只是体现人意的一种礼仪的形式，我想这就是天命的真正含义。所以关键要看老百姓是不是拥护。

这里还有一个故事，说的是春秋五霸中的齐桓公和他的宰相管仲的事。有一次，齐桓公跟管仲在一起，齐桓公就问管仲，作为一个国君，应该把什么东西放在第一位?管仲就告诉他,王啊,要以天为本,要把天放在第一位。齐桓公一听,马上抬起头来看看天,问道,为什么把天放在第一位?管仲一看齐桓公的动作,马上告诉他:"天者,岂苍苍之天?"我讲天,哪里是指苍苍之天啊!"王者以民为天",王者是以民为天啊!接着他又讲道,如果老百姓拥护你,你的国家就安定了,如果老百姓到处在议论你,你的国家就有问题了;如果老百姓都起来反对你,你的国家就要完蛋了。

我们可以看到,中国文化里"天"这个概念,常常是用来表达最根本、最重要的意义。"民以食为天",说明衣食是老百姓维持生存最重要的东西。"天"并不一定就是神秘的东西。王者要以民为天,民要以食为天,不抓住这些关键的事情去办,却一天到晚去拜这个"天",想让"天"来保佑你,那是不可能的。这就形成了中国传统文化中,人事急于神事、民意重于神意的观念。这也可以说是历代的圣贤明君,无时无刻不引以为戒的一条训示。人跟天命的合一,是强调人只有通过提升自身的品德才可能得到外来的某种辅助。

怎么才能做到无遗憾和无怨恨

荀子曾经讲过,一个人能否充分地展现他的才能,必须具备两个条件:一个是才(材),一个是时。所谓"时",是指时机、机遇,也可以理解为所处的大环境,从某种意义上讲,也是一种命运:生在什么样的时代,遇到什么样的环境,不是个人改变得了的。荀子所说的两个条件,一个是主观的,一个是客观的。才能是主观的,因为我们可以通过努力学习、深入钻研,使能力不断提升。然而我们的才能可否得到施展,就要看机遇了。假如个人的才能不是所处的时代所需要的,就不能适应环境;假如个人的才能是所处的时代很需要的,却缺少识别千里马的伯乐,也难以得到施展。这些情况都是可能发生的。所以荀子说:"夫遇不遇者,时也;贤不肖者,材也。"(《荀子·宥坐》)这两者一定要碰在一起,个人的才能方得到施展,个人的价值也就能够体现了;如果遇不到这个时机,那么才能也就埋没了。所以荀子又说:"君子博学深谋不遇时者多矣。"(《荀子·宥坐》)很多人因此怨天怨地、怨人怨事，反而浪费了努力提升才能的时间，时机来了，还是没有抓到。荀子因此说："故君子博学、深谋、修身、端行以俟其时。"（《荀子·宥坐》）一旦时机到了，才能就可以得到充分的施展。自认为没有遇到时机，然而从某个角度来讲，是自己没有抓住积累才能的机会。如果我们能够这么去想，就不会浪费时间去遗憾和怨恨了。

一个人一生中可能遇到的最大问题，就是遗憾和怨恨。怎么才能做到无怨无悔？就是要认清自己的命和主观努力之间的辩证关系。北宋文学家苏轼说："余以为，知命者必尽人事,然后理足而无憾。"这样做了以后，"理足而无憾"，因为已经尽了最大的努力，即使没有实现目标，也没有遗憾了。这是因为大的环境、大的命运是我们无法改变的，所以我们也不必遗憾，做了该做的就心安理得了。

反过来，我们也不要因为自己尽了人事，就可以不信命了，就可以实现自己的理想。真的那么简单吗？并非如此。我给苏东坡的这句话作了一个注解："尽人事者必信命，然后心安而无怨。"这两句话合起来就是："知命者必尽人事，然后理足而无憾；尽人事者必信命，然后心安而无怨。"至于最终能不能够实现目标，很多情况下不是我们自己可以决定的。

懂得自爱才能真正地去爱别人

在《荀子》一书中，记载着这样一个故事：有一天，孔子在一间屋子里坐着，一会儿，他的弟子子路进来了，孔子就问他："智者应该是怎样的？仁者应该是怎样的？"智和仁是儒家圣人必须具备的两种品德，所以孔子才问子路："知者若何，仁者若何？"子路回答："知者使人知己，仁者使人爱己。"孔子评价道："可谓士矣。"意思是可以称作士了，也就是读过书、懂得道理的人。过会儿，子贡进来了。孔子又问同样的问题。子贡回答："知者知人，仁者爱人。"孔子说："可谓士君子矣。"意思是，可以称为士里面的君子，比一般的士在道德建树上又高了一层。子贡出去以后，颜渊进来了。孔子还以同样的问题问颜渊。颜渊回答："知者自知，仁者自爱。"孔子给了他最高的评价："可谓明君子矣。"（《荀子·子道》）意思是，在君子里，是头脑最清醒、看问题最透彻的人。

我觉得儒家讲的仁就应该包括自爱、爱人和被人爱三个层次。从某个角度来讲，只有自爱，才懂得怎样去爱人。只有自爱，懂得爱别人，别人才会来爱你，自爱、爱人两者并不矛盾。

自利、利他之间其实也并不冲突。利他是对的，但也不要跟自利对立起来，连自利都做不到怎么去利他呢？

孔子说："夫仁者，己欲立而立人，己欲达而达人。"（《论语·雍也》）这句话不仅是理念上的要求，而且自己做到才是关键。自己应该明确要达到的人生目标，知道怎样去帮助别人。自己都无法自立，怎么去帮助别人呢？过去常讲帮助别人丝毫不爱自己才是大公无私，其实，大公无私的前提是自己能够在社会上立足，懂得自爱才能真正地去爱别人。

我在讲到开发情商的问题时说，每个人首先要懂得自爱，才能去爱别人，然后也能得到别人的爱。

我也讲过一个反例，明代有个人在他的笔记里讲到，古董商都是先自欺，再欺人，最后被人欺。古董商首先是自欺，他得到一个物件，是真的还是假的连自己还没搞清楚就去骗人，最后的结果就是被别人欺骗。

很多人都认为儒家倡导的是"仁者爱人",我觉得还不够全面。"自爱爱人被人爱,自知知人被人知"更好,这三个环节是不可分割的。

作为个人,要从自爱、爱人做起,然后才能得到别人的爱。就像子路一样还不知道自爱、爱人,首先就讲仁是使人爱己,那就有问题了。鼓吹要去爱别人,唯独不爱自己也不可取。公而忘私其实是一个抽象的道,如果连自己都保护不好,怎么去保护别人呢?当然也不是说只保护好自己,就不去管别人了,那当然就是自私自利。我们应该全面理解自爱、爱他、自利、利他的问题。

楼老讲传统文化故事:让孩子自己去体验

唐末香严智闲禅师,先事百丈怀海,聪明伶俐,问一答十,问十答百。百丈死后,他去大师兄沩山灵祐禅师处参禅,灵祐问了他一个问题:"请你说一说生死的根本,父母未生你时是怎么回事?"谁知道这位原先问一答十、问十答百的聪明禅师,竟被问住了,而且遍查平时读过的书,也找不到可回答的话。于是,他反复要求灵祐为他说破。然而,灵祐对他说,如果我告诉了你，你将来是会骂我的。再说，"我说的是我的，终不干汝事"。后来，有一天香严智闲在田里除草时，随手把一片碎瓦扔到田边的竹子上，碎瓦击竹发出的声音，忽然使他有所醒悟。因此，他十分感激灵祐，说，当时他如果为我说破的话，哪里还会有今天的醒悟！

南宋著名禅僧大慧宗杲的弟子开善道谦，参禅二十年，没有个悟入处。一次，宗杲派他出远门去送信，他怕耽误了参悟，很不愿意前去。这时，他的一位朋友宗元说：我陪你一起去。他于是不得已而上了路。一路上，他哭着对宗元说："我一生参禅，至今一点收获也没有，现在又要长途奔波，到什么时候才能入门啊！"这时宗元对他说："你现在暂且把从各方参来的，自己体会到的，包括师父给你讲的都放在一边。旅途中凡是我可以替你的事，我全部替你去做。只有五件事我替你不得，必须你自己去做，那就是：你身上寒冷，我不能替你穿衣；你腹中饥渴，我不能替你吃喝；再有，拉屎、撒尿、驮着自己的身体走路，我也无法替你。"道谦听完宗元的话后，忽然大悟，不觉手舞足蹈起来。

这两则故事均说明，任何别人的悟都不能代替自己的悟，只有靠自己去亲身体验一番，才可能获得真正的悟。这种本性"自悟""自度"的禅悟，强调的是个人的体验和自我的直接把握。换句话说，别人的体验不能代替你的悟，自我的体验无法以概念推理来获得。在禅宗的《灯录》中，许多禅师得悟的故事，生动地说明了这一点。从开悟方面讲，是指能证的智慧，如菩提等；而从证悟方面讲，是指所证的真理，如涅槃等。

楼老讲传统文化故事：教孩子独立

相传南宋著名禅师五祖法演，有一天对他的徒弟们说："你们可知道我这里的禅是一种什么样的情况？打个比喻说，有一个贼，他的儿子一天跟他说：'您老了以后我怎么来养家呢？我需要学点本领才行啊！'贼说：'这好办。'于是，一天夜里，贼把他儿子带到一有钱人家，撬开柜门，叫他儿子进去偷取衣物。可是当他儿子刚一进去，他就把柜门锁上，并且故意弄出很大的声音，好让主人家听见，而自己则偷偷先溜回家了。这家人听到声音后，立即起床点灯找贼，找了半天也没找着,以为已逃走了。这时,贼儿子在柜子里正纳闷,心想我老子要干什么?突然,他心生一计,学老鼠咬东西的声音,这家人以为柜子里有老鼠,就打开柜寻找。贼儿子趁此机会,推开门一溜烟地逃走了。这家人一路紧追不舍,此时正路过一口井,贼儿子又心生一计,捡了一块大石头扔下井去。当这家人围着井找他时,他已逃回了家。到家后,贼让他儿子把逃出来的过程讲一遍。贼听完后说:'行了,你完全可以独立做事了。'"

这个教儿子做贼的故事,乍看有伤风化。然而,如果人们能得其意而忘其言,去领会其中所寄的精神,那么它正是指示人,只有通过充分发挥自己的主观能动性,面对所处的现实环境开动脑筋想法子,才有可能使自己获得解脱。

人贵有自知之明

道德修养就是要追求自爱和自知，就是我们常说的"人贵有自知之明"。人们的很多痛苦就来自没有自知之明，没有自知之明，就不能安守本分。人有自知之明，就会知道自己能够干什么，应该干什么，而不是幻想着去做自己做不好、做不到的事情。如此看来，人有自知之明，比知人、被人知难得多。《道德经·第三十三章》说："知人者智，自知者明。"能够了解别人的人是智者，能够了解自己的人才算是一个明白人，能自知才是大明，知人只不过是小智。自爱也是同样的道理，只有战胜自己的缺点，克制自己的欲望，不去做那些不该做的事情，才能够自尊、自爱，正所谓"胜人者有力，自胜者强"（《道德经·第三十三章》）。

道德修养的最高境界就是能够自爱、自知，如果我们以这样的品格来检视自己、检视社会，可能会感觉到我们现在的社会似乎欠缺了一些人文情怀。有句俗话叫"笑贫不笑娼"，说的是社会风气败坏，人们丢失了自爱之心，没有自知之明，为了利益可以忘掉道义，可以无所不用其极。用孟子的话说就是丧失了"羞恶之心",没有羞恶之心,就不能自爱、自知了。所以在道德修养中,羞恶之心是非常重要的。《管子·牧民》里面说:"礼义廉耻,国之四维。"礼、义、廉、耻,是国家的四个支柱,其中一个支柱有亏缺,就会导致大厦倾覆。我们学习经典的核心目的,就是用来修身养性。明人伦,定名分,就是要自爱、自知,这样才能让我们成为明事理、有尊严的人。文化,要实现人的自觉自律。那么,文是什么?本义是纹路、纹理、纹饰。换言之,人要通过装饰,才能成为文明人,才能变化自己的心性。荀子所说的"化性起伪",即是用礼义法度等去引导人的自然本性,使之趋向真善美。人与动物相区别,文明才不断进步。人生于世,根据身份、角色不同,都有应当遵守的规矩,例如父慈子孝、兄友弟恭、夫义妇顺等。

问:科技是不是越发达越好呢?

我曾经提出一个问题:"科技是不是越发达越好呢?"有的人就觉得这个问题很奇怪,当然是科技越发达越好。我觉得人能够达到的科技目标并不一定要去达到,有时达到了目标并不见得是好事,可能带来的负面效应更大。我想人迟早会有能力复制出更多生命来，如果复制出一个跟你一模一样的人出来你受得了吗？同时我们也需要科技伦理，在科技伦理中，规定哪些能创造，哪些不能创造。科技创造不是仅仅为了满足人类的发明欲和成就感。

科技虽然帮助了我们，但它如果没有人文精神的指导，就会失去灵魂。现在要大力呼吁人文精神的回归，人文教育的恢复。

中国人很早就提出：天生万物是为了养性的，而不是去性养的。养性是为了让人性能够得到更好的滋养。如果人的七情六欲被物质牵着鼻子走就是性养了，人就异化了。在科技昌明的时代，最大的问题在于在科技的冲击下人的自我沦丧。本来人创造的科技文化是为了让人获得更大的解放和自由，物质文明也应该是让人身心更加健康，但结果却事与愿违。

20世纪初，人们就开始哀叹人成了机器的奴隶。本来发展科技是为了解放人，让人有更大的活动空间，结果机器把人牵制住了，人的生活变得枯燥单调。现在很多人都成了信息的奴隶，电脑发展到现在也才几十年时间，到80年代才有了微型计算机，当时人们觉得有了电脑就能实现无纸化办公,可以节约大量纸张,可事实是更加浪费纸张了。人也越来越依靠电脑了,可能一不小心电脑上储存的东西就全部丢失了,这对我们来说是非常可怕的事情。人本来想更主动,结果却变得更被动,这种异化的结果是人的主体性的丧失。

人文就是以人为本,让人类找回自我。人要去适应外在的世界,但更多的是要掌握主动权,不被外界束缚住。有句话讲得好,所有科技都是人的感官的延伸,这会让人忘乎所以,自以为了不起。可事实上现在人们依然无法全面了解地壳的运动,不知道什么时候会发生地震。人要既看到自己的伟大,也要看到自己的渺小,不要被伟大冲昏了头脑,不然遭殃的会是人类自己。

捌

如何调养身心

君子養心莫善於誠,致誠則無它事矣。錄自荀子不苟

樓宇烈 乙未秋

现代社会许多人都有严重的心理问题,这引起了世界范围的广泛关注。有人提出21世纪主要是心理疾病的世纪,而百分之八九十的疾病都是由不良情绪引起的,过于激动、悲伤都会伤害身体。

认识我们的情绪

喜怒忧思悲恐惊,这就是七情。中医里讲,七情常常是受到外在的各种刺激后引发的。它有时候是一种生理的反应,在我前面突然出现一个东西,我一点也不紧张,一点也不惊恐,不可能!所以我常常讲,一个人如果没有喜怒哀乐,就不能算人了。喜怒哀乐是很正常的生理反应,问题是能不能调适好它们。

嵇康在一篇《养生论》中,提到了养生五难,其中四难都和情绪的调解有关。"一难,名利不灭;二难，喜怒不除；三难，声色不去；四难，滋味不绝；五难，神虚精散。"

一难名利不灭。名利是什么呀？人的欲望。这种欲望追求，需要得到控制、限制。讲到君子，有一条很重要，就是能控制自己情绪。《周易》损卦的象辞里有一句话，"君子以惩忿窒欲"，君子能够控制住自己的情绪，不能够随意发挥。自己的情绪控制不住，就会带来很多很多的问题。这就是嵇康讲的养生难的第一条。二难喜怒不除，就是讲情绪的控制，大喜大怒不仅对健康造成伤害，还会让你的人生遭遇到很多困境。三难声色不去，声色也是一种欲望的表现。贪爱这个颜色，喜欢这个形象，这种过度的偏好、欲望，也需要得到控制。四难滋味不绝，吃到好吃的放不下，过度地吃、拼命地吃，就把自己撑坏了。五难神虚精散，指耗散自己的精神。

现代社会生活压力普遍比较大，大家开始重视心理学，许多社会问题都与人的精神状态相关，生理上的病多半来源于人的情绪。其实情绪还只是一个层面，更深层的是人生观、价值观。很多人很茫然，对人生充满忧虑，其实，活好当下最重要。在短暂的人生中，正确认识自己,给自己一个准确的定位是很有必要的。追求享乐、对他人冷漠、自私自利都是在伤害别人,尤其是对亲人会造成很大的伤害。

懂得生命的意义

大家要明白人生的价值、生命的意义,人文的教育也着重于此。人不能浑浑噩噩过日子,一个人要获得身心健康,据中国古代的养生论,要做到"驭欲、养情、明理",控制好七情六欲,掌握正确的人生观、价值观,懂得生命的意义。

其实真正弄懂了咱们老祖宗的东西,就可以从根本上调适心理。中国的传统文化比现在所谓的西方心理学更宽泛一些,它不仅仅解决情绪问题、情感问题,还解决很多认知的问题,比如如何认识这个世界,如何认识人生,如何认识家庭。传统文化里有很多东西是可以治愈心灵的。所谓治愈,就是了解对方,体谅和尊重对方的一个过程。

所有的哲学思想,其实都是一种心理治疗。提到心理大师,很多人都能说出柏拉图、苏格拉底,但其实，中国的孔孟，更是非常厉害的心理大师。作为中国人，每个人都应该学习一些传统文化，真正理解了我们老祖宗留下来的东西，可以从根本上解决你的认识问题。认识开阔了，情绪自然也就好了。

现在的社会不能只靠科技，要把人的潜能充分地开发出来，很多社会的问题都要从人文来入手。人文关怀是一种情感的投资。有时候一句好话比任何营养品都管用。佛教讲要有慈悲心、布施心，不只是给钱才是布施，一句好话、一个笑脸也是布施，语言、行动的布施也很重要。现在很缺乏这样的人文关怀，很多人怨天怨地、怨人怨事，就是不怨自己，这样的人烦恼一定会多，而大部分的烦恼都是自己想出来的，我们的每个行为都要检点，中国有句古话"勿以恶小而为之，勿以善小而不为"（《三国志·蜀书·先主传》），一个社会是各种力的合成，社会的发展是合力运动的结果。

中国的养生文化就是生生之学，天地生生不息，天地之大德是生，"生生之谓易"（《周易·系辞上》）。天地生养万物，我们就要珍惜、善待生命。中国古代一直把生生之学看作是重要的学问，天地万物中人最宝贵，人生难得，要善待生命，千万不能轻生、害生。中国讲卫生，日本讲厚生，即保卫、厚待生命，这都是中国传统的理念。

"礼有三本。天地者，生之本也；父母者，类之本也；君师者，治之本也。"天地是一切生命的本源，祖先是我们生命的本源，每一类生命都有祖先，代代相续。君师告诉我们怎么样做好人，怎么维护自己生命。你不珍惜自己的生命，是最大的不孝。现在很多年轻人，不重视自己的生命，动不动就自杀、自残，很严重。必须要珍惜我们的生命，《孝经》里讲："身体发肤，受之父母，岂敢毁伤？"我们要把我们这个代代相传的生命观，好好理解、继承。

《吕氏春秋》里把生分为四等，第一等叫作全生，第二等叫作亏生，第三等叫作死，第四等叫作迫生。"所谓全生者，六欲皆得其宜也。所谓亏生者，六欲分得其宜也……所谓死者，无有所以知，复其未生也。所谓迫生者，六欲莫得其宜也，皆获其所甚恶者。"（《吕氏春秋·贵生》）死是回到没有欲望的状态，迫生是六欲都不得其宜，就会活得很痛苦了，现在很多人都是活在迫生的状态。生命质量不只取决于物质，没有物质，我们的生命质量一定是低下的，但有丰富的物质并不一定就能提高我们的生命质量，最重要的是我们要用精神去支配欲望。

以自然之道来养自然之身

宋代欧阳修重刊唐代无仙子所注《黄庭经》时在前言中说："世上无仙而人人求仙，世上有道而人人不修道。"道不远人，道就在事物变化之中，有生就有死，这是自然规律，也就是道。

养生之道即以自然之道来养自然之身，不能停留在一个具体的、操作的层面。像气功就是自古就有的养生重要手段和方法之一，《庄子》里提到"导引"，马王堆汉墓发现《导引图》，从艺的层面讲都是养生。但人们容易落到艺层面，而上升不到道层面。

如何上升到道的层面？先秦道家著作乃至《管子》都提到"心正"。《汉书·艺文志》云："神仙者，所以保性命之真也。"真性也可以说是先天之性，即天地之和气也。天出其阳、地出其阴，阴阳和合就有了万物。生命因阴阳之气的和谐而诞生，又因阴阳之气的和谐才能维持。但是人一生下来这个性命之真就变成后天之性了，后天各种干扰和诱惑一来就失去了先天之真性，所以要有求于外者也。

如何来求？第一，荡意平心，或曰荡平心意；第二，同生死之域，即打破生死界限，不要贪生怕死，越是贪生怕死的人越死得早；第三，无怵惕于胸中，不惊不怖，君子坦荡荡、小人长戚戚。能做到这三条就是神仙。

所修者何？气也。道家著名八仙之一吕洞宾所著《百字碑》，首句曰："养气忘言守。"忘掉语言，忘掉守气。清代有人为之注说，气存丹田得下漏，守在上面得脑漏，守在中间则肚胀，所以不能拘泥停留在意上面，而要去突破。气不是简单物质，亦不是简单精神，也不是什么能量，它是不可言说之物。这个气跟具体可操作层面的气功没有关系。儒释道三家都讲气，各自所讲都不一样，但都有一特点，即都从最高层次上来讲。

儒家育正气、浩然之气。文天祥《正气歌》云："天地有正气，杂然赋流形。"他在序中说，元人把他俘虏以后希望他投降，但他坚强不屈，于是被关在一个简陋茅棚里两年多，有水气、土气、日气、火气、米气、人气、秽气等七种气干扰他，可是他没有得病，原因就是身上有正气。儒家讲诚意正心，朱熹也讲了十五岁之后进了大学要穷物极理正心治人的道理。正心从诚意而来。诚意者，毋自欺也，要慎独，不欺暗室，要养一股浩然之气。这股气说不清道不明，但每个人都可以感受得到。某人正气凛然，某人一身邪气，一眼就能看出。

道家养真气，要保住先天之气不被后天事物所干扰。人们现在如果去西医院，可能都找不到自己的病究竟要挂哪一科，但在中国古代很简单，所有的病无非三大类：一类是意外伤害，如跌打损伤；一类是外感伤寒；一类是内伤，即喜怒忧思悲恐惊七情。维护整个生命、治疗人的身体，用两句话就能概括：去其所本无，复其所固有。这就是道家的葆性命之真，恢复其天然和谐。天和就是保真气，或曰保元气。

佛教化人怨气，人一切烦恼、痛苦的根源在于贪嗔痴三毒，其中最严重的大概应属嗔，嗔即怨恨，如果老是怨天怨地、怨人怨事，嫉妒比自己强的人，看不起比自己差的人，其心情是不能宁静的，因此也得不了道。所以一定要把怨气化成感恩心。

所以，真正的气功要练三气：育正气、养真气、化怨气。

从生理层面调节身体

什么是生理养生呢？这包括了好几个方面。首先是动静要适度。运动不能过分了，而是要根据每个人的情况，进行适度的锻炼。而锻炼也不一定就得拘泥于一种形式，比如有的人爬山心情舒畅，有的人散步就觉得很好。所谓动则养，是从生理机制上来讲的，动可以活络筋骨、疏通气血，但是动和静还得结合起来。静可以说就是适当的休息。

另外，动也不一定就是我们从表面上能看到的动，其实动也可能是内在的。有的时候，一个人表面上是静的，其实他内里还有动。比如说静坐，静坐是一个很好的休息的办法，也是一个很好的养生的办法。在静坐中，其实就有动，就是通过外部的静，让气在人的身体里面动起来。道家讲有小周天，打通任督二脉，气息有一个小周天的循环就有这个道理在其中。禅宗的坐禅，也是静中有动，它主要通过调身、调息再到调心。

至于太极拳，就更是动中有静，静中有动了。太极拳，我认为最全面地体现了中医和中国文化内外结合、动静结合、刚柔结合的精神，是一种很好的生理养生的方式。

生理养生的第二个方面，就是食养。食养的关键是要营养均衡，同时也不要暴饮暴食，养好脾胃。对一个人来讲，脾胃不舒服，也会使得各个方面都很不舒畅。另外，我们也必须看到脾胃不舒服，有时跟精神也有很大的关系。脾胃不好本身也会引起精神的不适，而如果能够调适好精神，也会使得脾胃舒畅。它们是相辅相成的。

生理养生的第三个方面，就是要起居有常。

所以总的来讲，饮食有节，起居有常，不妄劳作，是生理养生最重要的三条原则。

从心理层面调节情绪

心理养生主要体现在对情绪的控制与管理，因为很多疾病是由情绪引起的，所以首先要有舍得的智慧。一般情况下，人们对于得与失的辩证关系，在理论上都能讲得清清楚楚，但是实际上又是另一回事了。比如很多明星名利双收、风光无限，旁人见了都很羡慕，实际上他的烦恼和压力只有他自己知道，那些名与利都是用他的身心健康换来的，所以他得到了，也失去了。

心理养生主要包括两个方面：

第一个方面是调节情绪。中医主张对七情六欲有所节制，就像孔子讲的"乐而不淫，哀而不伤"（《论语·八佾》），高兴不能过分，悲哀也不能过分。无论喜、怒、哀、乐，一旦过分都会伤害身体。能不能够调节好情绪，不使自己有大忧愁、大悲哀、大喜悦，这就是心理的问题了。如果能够保持七情不受外境干扰，保持一种平和心境的话，按照中医的理论来讲，真气就能内存，五脏六腑的气血就能调和流畅，各种各样的邪风就无法乘虚而入。这样的话,身体就不容易生病。

第二个方面是修养德行,即提升自己的品德。《论语·雍也》说"知者乐,仁者寿",过去的俗话里也讲"有大德者必长寿"。

唐代著名医学家孙思邈在其著作《千金要方》里说:"德行不克,纵服玉液金丹,未能延寿。"也就是说,如果一个人的德行不能达到很高的程度,即使服用玉液金丹,也不能延长他的寿命。反之"道德日全,不祈善而有福,不求寿而自延"。如果道德不断地完善,即便不去祈求善报,也会有福运;不去祈求长寿,也会延长生命。他最后得出的结论是:"此养生之大旨也。"

现在患有心理疾病的人越来越多,我觉得其中一个重要的原因,就是人们太以自我为中心了,想问题只想到自己,没有宽广的心胸,不能"先天下之忧而忧,后天下之乐而乐"(《岳阳楼记》)。我们现在没有这样的胸怀,想的都是自己的忧乐,不去思考天下的忧乐。除此之外,就是人们还缺少慈悲精神,即"不为自己求安乐,但愿众生得离苦"(《华严经》卷第二十三)。我们如果有广大的心胸和慈悲的精神,那么个人的不幸遭遇又算得了什么?整个中国文化就是要让我们学习天地的广大心胸。天地无所不包,无所不容,具有广大的包容精神。古人常讲"天覆地载",天在上面覆盖着,地在下面承载着,万物就在天地之间生生不息。然而天不会因为不喜欢某人,就不覆盖他了;地也没有因为不喜欢某物,就不承载它了。用这样的心胸去看待一切事物,这样的人会因为一点琐事而无法释怀吗?显然是不会的。

楼老讲传统文化故事:曾国藩给儿子开的心病药方

晚清名臣曾国藩精通养生之道,他的儿子身体不太好,身心都有病。曾国藩在家书中写道:"治心以'广大'二字为药。"治疗心病不用吃药,因为所有的心病都来自于心胸狭窄。为什么容易生气?就因为怨气太重了,怨天怨地,怨人怨事。只要敞开心扉,像天地一样拥有广阔的心胸,包容一切,很多忧郁和纠结就没有了。紧接着他又说:"治身以'不药'二字为药。"现在人们都知道有病就吃药,但是曾国藩却说"以'不药'二字为药",这其实是中国文化非常重要的一个特点。生命有自我修复的能力,要尊重这种能力,不要过于依赖外力的干预。外力有没有用处?的确有,但是外力在治好病的同时,可能也会带来副作用。曾国藩给他儿子讲的就是这个道理。

从哲理层面调节身心

哲理养生是更高层次的养生,涉及每个人的人生观、世界观。简单说来,就是你悟透了人生的道理,悟透了世界的道理。那么,怎么样叫悟呢?明末清初有一个著名的思想家叫王夫之,他就提出了一些哲理方面养生的说法,叫作"六然四看"。

"六然"是指什么呢?

第一,自处超然。自处就是自己对待自己。自己怎样来看待自己呢?要超然。态度要超然,也就是说,要达观、豁达。

第二,处人蔼然。处人是对待别人,就是说对人要非常和气,与人为善。

第三,无事澄然。没有事情的时候要"澄然",澄是非常清澈、非常宁静的意思。就是说,没有事的时候要非常宁静。如果说自处超然有点淡泊的意思，无事澄然就是宁静，宁静就可以致远。

第四，处事断然。就是处事要有决断，不能优柔寡断、犹犹豫豫。

第五，得意淡然。就是说得意的时候要淡然，不居功自傲，忘乎所以。

第六，失意泰然。失意的时候要泰然处之，别把它看那么重。自处超然，处人蔼然，无事澄然，处事断然，得意淡然，失意泰然。

这六个然，不就是一种人生态度、一种人生观吗？是不是很有道理？

还有"四看"。四看其实也很有意思。看什么？

第一，大事难事看担当。遇到大事难事，要看你能不能勇于面对它，是不是不回避、不逃避，勇敢地担当起来。

第二，逆境顺境看襟怀。碰到逆境，或者处于顺境，这时就要看你的襟怀够不够豁达，能不能够承受得起。

第三，临喜临怒看涵养。碰到了喜事或者令人恼怒的事，换句话说，就是得失了，喜就是得，怒就是失，就要看你的涵养，能不能宠辱不惊。

第四，群行群止看识见。所谓行止，也就是去留的意思，碰到去留的问题，就要看你的识见了，看你能不能做出正确的判断，该去就去，该留就留。大事难事看担当，逆境顺境看襟怀，临喜临怒看涵养，群行群止看识见。

这"四看"实际上也就是一种对人生、对社会很透彻的了解和把握。这些都是在更高的思想层面上来讲的，因此叫作哲理养生。

中医在养生方面非常深入，从生理到心理到哲理，都考虑到了。现在很多的病都停留在治疗生理层面上，但全世界都开始认识到人们亚健康的状态是越来越严重了，所谓的亚健康状态，其实就是心理越来越不健康，心理疾病越来越多。心理层面的治疗现在已被提到一个相当高的地位。中国现在拼命地学人家，其实这个方面中国的资源是最丰富的。现在，我们还没有哲理方面的治疗，甚至于还没有意识到治病还要从哲理方面去治。其实哲理方面的治疗就是培养一种正确的人生观、世界观，我觉得这对人的健康而言可能具有更重要的意义。也就是我们常常讲的要心胸开阔、心境平和。心胸开阔、心境平和,应该说停留在心理层面上还解决不了,必须到最高层次,即人生的意义、人生的价值的认识层面才能解决。"仁者寿"这话绝对是有道理的,问题是我们能不能做到。

楼老讲传统文化故事:苏东坡怎么面对批评?

做本分事,持平常心,成自在人,是养心的三个关键。持平常心和做本分事是相通的,但是它的要求又提高了一步。因为即使做好了本分事,也未必会对所做的事没有计较,未必会对别人的赞扬或批评毫不在意。所以做好本分事不等于保持了平常心。平常心就是在做好本分事的基础上,不动心,不起念。

禅宗公案里有这样一个故事。有人问一个禅师平时是否修炼,禅师说:"当然修炼了。"那人又问怎么修炼,禅师说:"饥来吃饭,困来睡觉。"那人就纳闷了,说:"这也叫修炼吗?"禅师说:"当然是修炼了。有很多人食不甘味,百般思虑;睡不安寝,千般计较。"吃饭、睡觉本来就是很普通的事,可是人们总是有无休止的欲望,吃到好的,心里就高兴,吃到差的,心里就埋怨。对于这些事能不能不计较?用佛教的话讲就是能不能做到"八风吹不动"。哪"八风"呢？利、衰、毁、誉、讥、称、苦、乐。"利"就是顺利，"衰"就是衰落，"毁"就是毁谤，"誉"就是颂扬，"讥"就是讥讽，"称"就是称赞，"苦"就是悲伤，"乐"就是欢喜。做任何事情，在这八种情况下都能不动心，是需要很高的修养的。有时尽管嘴上会说"我都看破了""我根本就不在乎"，可是当别人说几句风凉话、玩笑话的时候，心里还是不太好受。别人要是吹捧几句，虽然表面上说"哪里哪里""不敢不敢"，但是心里早已暗暗自喜。这也是人之常情，要想克服这一点，禅修必须达到相当的境界才行。

北宋文学家苏东坡对禅学有很深的造诣，他与佛印禅师交好，平时经常来往。他们一个住在江南，一个住在江北，有一次苏东坡坐船过江去看望佛印，恰好碰到佛印不在寺里，他就一个人在寺里转悠，看到大雄宝殿里的佛像十分庄严，就写了一首诗："稽首天中天，毫光照大千。八风吹不动，端坐紫金莲。"他写完后很得意，就交给小和尚，说等你师父回来让他看，然后就走了。佛印回来看到这首诗，就提起笔来，在上面题了两个字：放屁！他让小和尚给苏东坡送回去。

苏东坡一看很纳闷，心里不以为然，觉得"放屁"两个字太过分。于是他马上坐船去找佛印禅师，要跟他辩辩理。佛印见了东坡，就跟他说，你不是"八风吹不动"吗？怎么被我一屁就打过江了？苏东坡的佛学修养还是相当高深的，可是碰到这样具体的事，他还是不能用平常心去对待。

楼老讲传统文化故事：曹操的以德报怨

道家非常强调知足，正所谓"知足者常乐，知足者常富，不知足者常贫"。《道德经》里面还有一句话："大小多少，报怨以德"《道德经·第六十三章》，我想这也是一个最宽恕的理念。孔子不太赞成这一点，《论语·宪问》里面有记载，有人问："以德报怨，何如？"孔子说："何以报德？以直报怨，以德报德。"他觉得道家的宽恕思想有点过头，应该以直报怨。其实以德报怨也是一个非常重要的理念。我们现在常常是以怨报怨，冤冤相报何时了？而以德报怨从某个意义上来讲，是通过宽恕的办法让人们能够相互化解怨恨，达到和谐。

在曹操和袁绍的官渡之战中，曹操处于劣势，袁绍处于强势。曹操的高阶将领中有很多人都与袁绍私下沟通过，表示将来会偏向、归属袁绍。结果曹操打败了袁绍，这是中国历史上以少胜多的经典战例。曹操从袁绍那里搜出大量自己的部下跟袁绍私通的档案和信件。曹操的心腹就建议彻底清查。曹操没有同意，他在庆功宴上把从袁绍那里得到的档案和信件全部烧掉了。曹操说，已经过去的事情，就让它过去，不要再追究了。

曹操因此大得人心，他的部下从此对他更加忠心。所以不能简单地把以德报怨看作是妥协调和，这种宽恕可以起很大的作用。道家的效法自然、无为而治，甚至以德报怨，真是正言若反。我们怎样从反面体会正面的意义，对当今时代也是有意义的。

问：人烦躁的原因是不做本分事

"做本分事"，就是做好现在应做的事。做本分事是赵州从谂禅师在接引学人时讲的一句话。他的弟子不明白，他就解释说："树摇鸟散，鱼惊水浑。"(《赵州录》)树一摇动，鸟就飞散了；鱼一惊动，水就浑浊了。这是很普通的道理，学禅也是很普通的事情，该做什么就做什么。有人听了不解,又问:"既然已经这样了,那为什么还要修行呢?"这正是佛教所讲的"无修之修",其实要比刻意寻找某种方法去修行更难。因为大多数人都是不太安于现状的,总是手里做着一件事,心里想着另一件事,而且总觉得手里做的这件事委屈了自己,心里想的那件事才是真正适合自己做的事。所以说能够做好手中的本分事并不简单,而禅正是要在这个地方考验我们,锻炼我们。

"千里之行,始于足下"(《道德经·第六十四章》),怎样才能使自己成为一个有修养的人呢?脱离现在所做的事吗?这只能成为一个空想。禅不是空想,它是很具体的,就在我们的面前。若能真正做到这第一步,也就开始认识到禅的真谛了。禅不是要让我们离开现实世界,而是就在现实生活中去体认自我。

很多人自认为被层层枷锁束缚住了,因此产生很多烦恼,希望从佛学中寻找解脱的方法。禅宗祖师们在回答他们的问题时,就会反问:"谁束缚住你了?"其实没有人束缚我们,是我们自己束缚了自己。有句话叫"自寻烦恼",自己有了分别之心,讨厌现实生活,背上了各种包袱,就想跳出现实去找一个清净的地方躲起来。可是真的存在这样一个清净的地方吗?并没有!有时看起来似乎跳出了这个环境,实际上是放下一个包袱又背上了另一个包袱,逃出一个牢笼又钻进了另一个牢笼。所以禅宗强调,当下就觉悟到本性、本心就不会有烦恼,这就是"若顿悟自性,本来清净,元无烦恼。"(圭峰宗密禅师《禅源诸诠集都序》卷上之一)若要离开现实的世界要去寻找一个清净的世界,就是自寻烦恼。所以我们要从当下的本分事做起。

在报纸上看到过一篇文章,说的是我们国家的"两弹一星"元勋钱三强先生教导子女的事迹。对于子女的教育,他总结了两点:一是做该做的事,二是做好该做的事。这不就是尽职尽责吗?我们在社会上是什么样的角色,就要把这个角色扮演好,把该做的事情做好。不只是过去如此,当今社会同样要强调尽职尽责的精神。

人的烦躁来源于什么?有方方面面的因素,其中一个重要的因素就是不安本分,这是我们很多烦恼和痛苦的重要来源。可能我们现在受到的很多现代教育,都叫人不要安于本分，我若让你安于本分，就难免有人会说我因循守旧。其实我们亲自去体验一下，或者反思一下的话，就会意识到我们之所以痛苦，就是因为不安本分，总想做本分之外的事情，而自己又做不到，所以烦恼和痛苦就来了。

魏晋时期也出现过这样的问题，很多人不安本分，觉得法令、礼教对自己的束缚太大了，于是率性而为，追求绝对的自由。有一位名士叫刘伶，喜欢光着身子在家里喝酒，有个朋友来看他，指责他说："你独自一人在家里光着身子也就算了，朋友来了，你得穿上衣服，这样见客人多没礼貌啊！"他不穿，反倒批评朋友说："我以天地为房屋，以房屋为衣服，你跑到我衣服里，怎么说我没有礼貌呢！"魏晋时期就是有这样狂傲的人，不愿意遵守礼教，所以当时有一位学者叫乐广，说："名教中自有乐地，何为乃尔也！"（《世说新语·德行》）也就是说，你遵守名教同样可以乐在其中，为什么要做这种出格的事情呢！每一个社会都有其存在的规范，个人能够遵守社会存在的规范，就可以享有相应的自由，否则就没有任何的自由。任何的自由都是一定规则之下的自由，人生的修养在于让我们懂得规则。儒家在这方面告诉我们，学习的目的就是提升自己遵守个人道德和社会公德的能力，成为自觉遵守规则的人，所以世上不存在绝对的自由。

作者简介

楼宇烈

1934年生于杭州,享誉海内外的资深学者,中国优秀传统文化的集大成者和虔诚守护者,北京大学哲学系暨国学研究院教授、博士生导师,北京大学宗教文化研究院名誉院长。主要著作:《王弼集校释》《中国的品格》《中国的人文信仰》《国学十三讲》等。

图书在版编目（CIP）数据

君子养成 / 楼宇烈著 . -- 北京：中国青年出版社，2024.3
ISBN 978-7-5153-7082-8

Ⅰ.①君… Ⅱ.①楼… Ⅲ.①家庭教育 Ⅳ.①G78

中国国家版本馆 CIP 数据核字（2023）第 218785 号

版权所有，翻印必究

君子养成

作　　者：楼宇烈
明见系列总策划：默公
选题策划：吕娜
责任编辑：吕娜
特约审订：孙国柱
助理编辑：史晓琳
书籍设计：瞿中华
出版发行：中国青年出版社
社　　址：北京市东城区东四十二条 21 号
网　　址：www.cyp.com.cn
经　　销：新华书店
印　　刷：山东新华印务有限公司
规　　格：787mm×1092mm　1/32
印　　张：8
字　　数：120 千字
版　　次：2024 年 3 月北京第 1 版
印　　次：2024 年 3 月山东第 1 次印刷
定　　价：69.00 元
如有印装质量问题，请凭购书发票与质检部联系调换。联系电话：010-57350337